本报告获得2014年度国家社会科学基金一般项目资助

陕西省考古研究院田野考古报告第97号

Zhaorong Shangguan's Tomb of Tang Dynasty

唐昭容上官氏墓

考古发掘报告

陕西省考古研究院　编著

文物出版社

图书在版编目（CIP）数据

唐昭容上官氏墓考古发掘报告 / 陕西省考古研究院编著 . —北京：文物出版社，2023. 9

ISBN 978 - 7 - 5010 - 8007 - 6

Ⅰ. ①唐…　Ⅱ. ①陕…　Ⅲ. ①唐墓—考古发掘—发掘报告—咸阳　Ⅳ. ①K868. 8

中国国家版本馆 CIP 数据核字（2023）第 053129 号

唐昭容上官氏墓考古发掘报告

编　　著：陕西省考古研究院

策划编辑：李　睿
责任编辑：宋　丹
封面设计：田之友
责任印制：张　丽

出版发行：文物出版社
地　　址：北京市东城区东直门内北小街 2 号楼
邮　　编：100007
网　　址：http：//www. wenwu. com
经　　销：新华书店
印　　刷：北京墨阁印刷有限公司
开　　本：889mm × 1194mm　1/16
印　　张：12. 5　插页：1
版　　次：2023 年 9 月第 1 版
印　　次：2023 年 9 月第 1 次印刷
书　　号：ISBN 978 - 7 - 5010 - 8007 - 6
定　　价：280. 00 元

目　录

插图目录

彩版目录

第一章　绪　言

第一节　地理位置与发掘缘起

唐昭容上官氏墓位于陕西省咸阳市渭城区北杜镇邓村（北杜于 2015 年 2 月撤镇设街道办事处），南距咸阳市城区 11 千米，东南距西安市城区约 24 千米，东南距西安咸阳国际机场约 4.5 千米，现为西咸新区空港新城所辖。墓葬所在地系渭河北岸黄土台原，地势平坦。墓址地处北纬 34 度 27 分 00 秒，东经 108 度 42 分 49 秒，海拔高程 491 米（图一；彩版一）。墓址所在地原系农田，当地农民历年

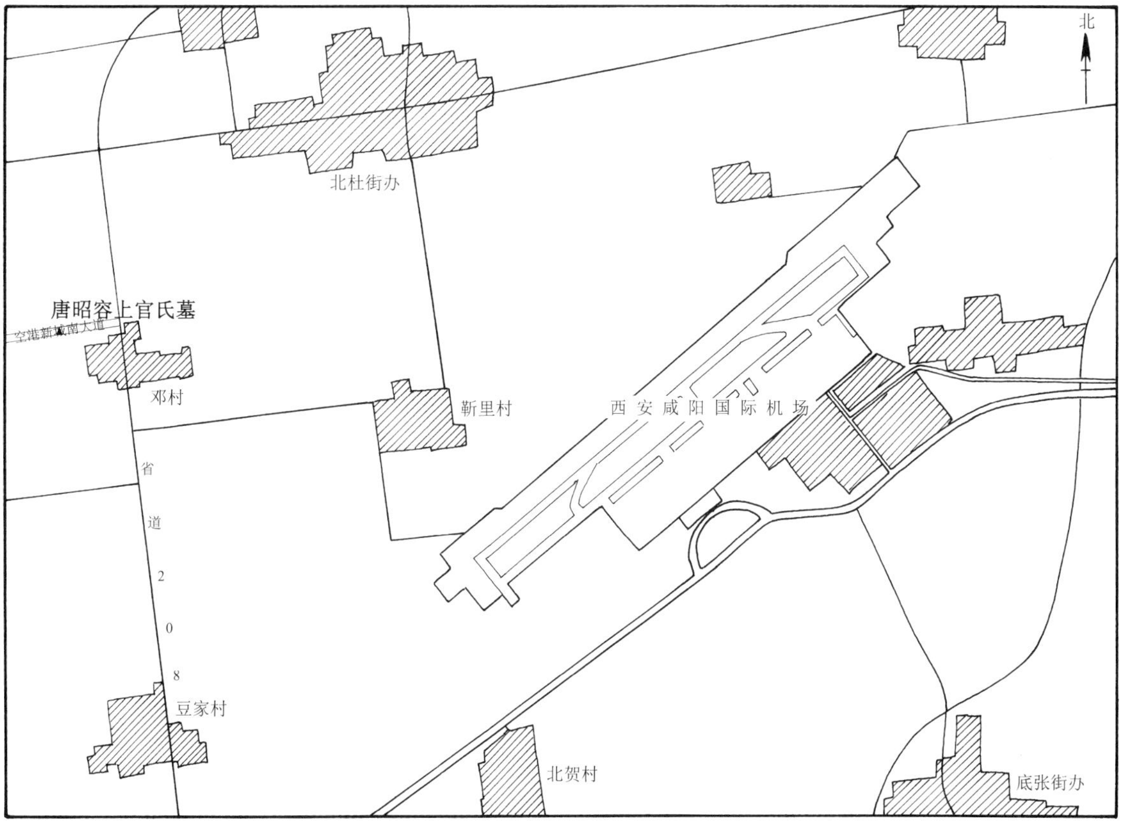

图一　唐昭容上官氏墓位置示意图

耕作。地面无封土、墓碑、石刻和任何标记，不属于文物保护范围。

邓村全村原有200余户、1000余村民。随着空港新城的建设发展，2013年全村已全部征拆完毕。墓葬东距新208省道（拓宽建成后称自贸大道）约300米。2013年，拟建的空港新城南大道（现改名昭容街）准备施工建设，其Ⅰ标段东西向横穿邓村。当年6月初至7月初，陕西省考古研究院对Ⅰ标段建设范围进行了考古勘探，在路基正中发现5个天井的古墓葬一座（图二），根据形制，初步判断为唐代墓葬（彩版二）。

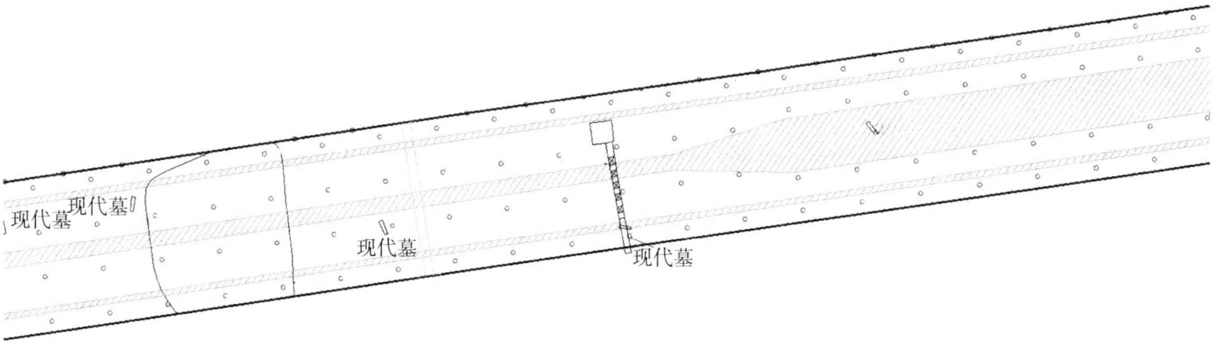

图二　勘探发现的墓葬与拟建道路关系示意图

为了防止刚刚发现的古墓葬被破坏或盗掘，陕西省考古研究院和咸阳市渭城区文物旅游局立即派员对勘探地点24小时值班守护，并与建设单位协商考古发掘事宜。经陕西省文物局批准，陕西省考古研究院对该墓开始考古发掘，同时向国家文物局申请考古发掘执照（考执字2013第517号），由副研究员李明担任考古领队，助理研究员耿庆刚参与主持现场发掘工作，技术工人有刘永利、方开祥、段育红。墓葬发掘编号：空港新城园区南大道M1（2013XKNM1）。在发掘该墓的同时，也对空港新城南大道两侧的“空港物联产业城”古墓葬进行考古发掘①。

第二节　历史沿革

渭城区是陕西省咸阳市市辖区，位于关中平原腹地，地处泾河、渭河的交汇地带。南隔渭河与西安市未央区和长安区接壤，东临西安市高陵区，北邻本市泾阳县，西接本市秦都区。

渭城区位于咸阳市市区的东北部，区境东西长26.5千米，南北宽15.5千米，总面积272平方千米。现下辖10个街道办事处，102个行政村、66个社区居委会，总人口约44万人。

渭城区境内地势南低北高，呈阶梯状向渭河谷底倾斜，大致以宝鸡峡北干渠为界，分为北部黄土台塬区和南部冲积平原区。区境北部的黄土台塬以红油土为主，南部的冲积平原区多分布红油土和褐

① 陕西省考古研究院：《陕西咸阳邓村北周墓发掘简报》，《考古与文物》2017年第3期。

饧土。粮食作物以小麦、玉米为主，经济作物有红薯、绿豆、芝麻、花生、烟草等。此地属暖温带半湿润半干旱大陆性季风气候区，四季分明、雨热同季，年平均气温 13.1℃，年平均降水量 545 毫米。渭河是该区的最大河流，是黄河的第一大支流，年流量达 51.66 亿立方米，区境内的地下水资源也很丰富，蕴藏总量达 11.3 亿立方米。

早在新石器时代，在渭河以北的一二级台地上就有原始先民在此生活。商时此地被称为程。

商武乙二十四年（前 1124 年）周族首领率师伐程，占领了程地。文丁五年（前 1108 年），在这里营造程邑。周灭商后，此地属程伯封地，称毕程国。

秦孝公十二年（前 350 年），在今渭城区东 10 千米的地方筑起了一座新城，命名为“咸阳”，将国都从雍（今陕西凤翔南）迁至此地。自秦孝公迁都咸阳，到公元前 206 年秦王朝灭亡，历经秦孝公、秦昭襄王、秦始皇、秦二世等 8 个帝王，咸阳作为秦的都城达 144 年之久。

秦灭亡后，项羽将陕西的关中和陕北一分为三，分别封给原秦代的三位降将，章邯为雍王、董翳为翟王、司马欣为塞王，谓之“三秦”。区境内的窑店镇以东属塞国，以西属雍国。

汉高帝元年（前 206 年），将咸阳更名新城县。汉武帝元鼎三年（前 114 年）复置，更名为渭城县。西汉还在境内汉高祖陵寝处置长陵县，在汉惠帝安陵陵寝处置安陵县，汉景帝阳陵陵寝处置阳陵县。汉武帝太初元年（前 104 年），改西汉初年的左内史、右内史、主爵都尉为左冯翊、京兆尹、右扶风，谓之“三辅”。今渭城区境内以西为右扶风，境内长陵县以北属左冯翊。

东汉建武六年（30 年），渭城区并入长安县。建武十五年（39 年），境内的长陵县、阳陵县改属京兆尹，安陵县仍属右扶风。

三国时，魏国将此地的长陵、安陵二县并入京兆郡的长安县，阳陵并入高陵县。区境遂为长安、高陵二县属地。

十六国时，后赵石勒分始平和长安在故渭城置石安县。前秦皇始二年（352 年），分京兆在长陵城置咸阳郡，辖石安等县。在石安西灵武乡置石安县，初属始平。北魏太平真君七年（446 年），改属咸阳郡。同年将泾阳县并入石安县。太和二十年（496 年），咸阳郡由长陵迁至泾水北（今泾阳县城区）。景明二年（501 年），分石安复置泾阳县。北周明帝二年（558 年）在灵武县兼置灵武郡。建德二年（573 年），灵武郡、县均废，辖地并入石安县。

隋开皇三年（583 年），废咸阳郡，石安县并入泾阳县。开皇九年（589 年），改泾阳为咸阳。

唐武德元年（618 年），分泾阳、始平置咸阳县，县城先在鲍桥，后移至杜邮，隶属京兆府。五代宋金，皆称咸阳，隶属京兆府。

元初一度将咸阳并入兴平，不久，又恢复咸阳县置，隶属奉元路。

明、清时隶属西安府。明洪武四年（1371 年），县城移至今老城区。

中华民国初年时属关中道，1933 年直属陕西省，1937 年属第十行政督察区。

中华人民共和国成立后，初属咸阳分区，1950 年改属咸阳专区。1952 年，分城、郊设县级咸阳市、县。1953年撤销专区，咸阳县、市改属省直属。1958年，县并入市。1961年复设咸阳专区。1966年改属西安市。1983年改市后，原咸阳市改名为秦都区。1986年，以乐育路为界设渭城区，与秦都区分治咸阳市区。1987年渭城区政府正式成立。

渭城目前是国家级开发区——西咸新区的核心区域，新区规划面积882平方千米，其中在渭城区的面积是253平方千米，占全区总面积的93%，西咸新区五大新城中的秦汉新城、空港新城主要部分都在渭城辖区。这两个新城，目前是新区五大新城中最具优势、最具潜力、发展最快的新城，也是西咸新区建设的核心区域，成为全省经济发展最为活跃的区域。

渭城区第三次全国文物普查共登记不可移动文物175处。其中古遗址43处、古墓葬120处、古建筑8处、近现代重要史迹及代表性建筑4处。这些文物遗存中以古墓葬和古遗址居多，包括有全国重点文物保护单位11处（古遗址1处、古建筑2处、古墓葬8处），分别为秦咸阳宫遗址、阳陵、长陵、安陵、义陵、渭陵、康陵、延陵、顺陵、咸阳文庙和千佛铁塔；陕西省文物保护单位8处（古建筑2处、古墓葬6处），分别为周陵、凤凰台、孝陵、兴宁陵、上官婉儿墓、胡登洲墓、古渡遗址和新兴油坊；渭城区文物保护单位15处（古遗址1处、古建筑1处、古墓葬13处），分别为周公墓、周毕公墓、鲁公伯禽墓、姜子牙墓、萧何墓、曹参墓、周勃墓、戚夫人墓、赵王如意墓、双冢、班婕妤墓、阴阳冢（鸭沟墓葬）、渭城遗址、恭陵和安国寺。

区境内的古墓葬主要以秦汉时期墓葬为主，同时发现有部分十六国、北周、隋代、唐代、明代、清代等历史时期的墓葬。这些古墓葬中以帝后陵墓及其陪葬的文臣武将、皇亲国戚墓葬较多级别也较高，此外还有大量的家族墓群和平民墓群。其中秦代墓葬区主要分布在秦咸阳宫城西和西北部的原上，大致范围为东起毛王沟，西至塔尔坡的台塬上；西汉帝陵及陪葬墓东西一线排列在周陵、窑店、正阳三镇的北原上；北周、隋代、唐代贵族陵墓均在原上偏北的底张街道和北杜街道一带。

渭城区文物遗存以秦咸阳宫、西汉帝陵和北朝隋唐高等级墓葬为特色，体现出等级高、体量大的特征，这在全国范围内都是非常罕见的。

第三节　发掘经过

该墓于2013年7月10日起开始发掘至2013年8月31日结束。历时52天。

7月10日~15日对该墓进行复探，详细划定了墓道、天井、墓室等发掘范围。

7月29日正式开始发掘。因第三至第五天井被大范围扰动，初步判断M1被盗。揭露到墓葬开口处，M1墓道及五个天井的发掘同时进行。墓道及第一、第二天井及第三天井南部边线清晰，第四、五天井的尺寸是通过勘探到接近底部时才确定，发掘时把扰动范围划清楚，按勘探天井尺寸进行发掘。

在发掘第四、五天井过程中，因扰动、大范围活土，存在安全隐患，重新又对第四天井北侧和第五天井进行扩方，保留天井、甬道形制，航拍所见第四、五天井和甬道大部分仍是扰动范围，未完全至生土。

8 月 14 日 ~17 日，逐一清理 4 个壁龛，发现壁龛保存完整，未经扰动。提取龛内放置的随葬器物（彩版三）。

8 月 19 日 ~20 日，清理第四、第五天井底部的两道砖封门。

8 月 21 日开始墓室内填土的发掘。

8 月 26 日，在甬道底发现石质墓志一合，保存完整，未被扰动，墓志盖整齐地覆盖在志石之上（彩版二—2）。清理后，墓志盖上显示清晰的篆字“大唐故昭容上官氏铭”，随即又观察了墓志文，确认此墓墓主系唐代著名女政治家、女诗人、唐中宗昭容上官婉儿。

8 月底至 9 月初，委托专业机构对发掘现场、墓葬结构和墓志进行了航空摄影和三维数据采集。

9 月至 10 月，对墓葬周围进行详细勘探，试图找出可能存在的封土、石刻等地面遗迹。经勘探确认，该墓无封土，亦无任何地面建筑和石刻遗存。

12 月 10 日，考古队撤离工地，现场发掘工作彻底结束。

2013 年 12 月，为了回应学术界和社会对唐昭容上官氏墓考古发现的关心，在当年第 6 期《考古与文物》杂志发表了《〈唐昭容上官氏墓志〉笺释——兼谈唐昭容上官氏墓相关问题》论文，公布了《唐昭容上官氏墓志》的拓本和志文内容，并依据考古发掘收获对墓志进行了初步释读（附录二）。

2013 年 12 月，陕西省考古研究院将该墓葬考古发掘现场移交咸阳市渭城区文物旅游局，以便安排开展后续保护工作。

2014 年 6 月 9 日，陕西省人民政府公布“上官婉儿墓”为陕西省第六批文物保护单位。经省、市政府同意，空港新城管委会将唐昭容上官氏墓科学回填并原址保护，在墓址建设“唐昭容上官氏公园”，现已建成开放，成为西咸新区空港新城内的一处人文景观（彩版四）。

第四节 周边历年考古工作概况

自 20 世纪 50 年代以来，渭城区底张镇、北杜镇一带就因修建飞机场开展过基本建设考古发掘。1953 年前后，曾在咸阳底张湾发掘过一批北朝隋唐高等级墓葬，如北周大将军叱娄欢夫妇墓、北周谯国夫人步六孤须蜜多墓、太平公主之女唐万泉县主薛氏墓、唐少府监张去奢墓等[①]。

80 年代末到 90 年代初，随着西安咸阳机场的建设，陕西省考古研究所在机场建设范围内又发掘

① 陕西省文物保护研究院编著，姜宝莲主编：《二十世纪五十年代陕西考古发掘资料整理研究》，三秦出版社，2015 年。

了大量汉唐古墓葬，包括十余座北周墓①，以及唐凤州刺史杨思讷夫妇墓、唐晋阳郡君谭氏墓等大型唐代墓葬。

1994年9月至1995年1月，陕西省考古研究所与咸阳市考古研究所在底张镇陈马村对北周孝陵进行了抢救发掘②。孝陵是北周武帝宇文邕和武德皇后阿史那氏的合葬陵墓，是迄今为止唯一一座发现确切位置并经过考古发掘的北周帝陵。

1999年至2000年，陕西省考古研究所在西安咸阳国际机场2号航站楼与跑道、停机坪扩建工程发掘汉墓5座、北周墓3座。这3座北周墓葬的墓主皆为北周皇室成员，是北周最高等级的大型墓葬③。同时，咸阳市文物考古研究所配合该工程建设发掘了一批汉唐古墓葬④。

2008年至2010年，陕西省考古研究院在西安咸阳国际机场二期扩建工程发掘汉唐古墓葬350座⑤，其中隋、唐高等级墓葬数十座。规模最大的是位于底张镇西蒋村北的唐先天元年（712年）十月润州刺史、赠并州大都督、太尉、豳国公窦孝谌暨妻庞氏合葬墓。

2013年6月至2014年1月，陕西省考古研究院在位于北杜镇邓村的西咸新区空港新城空港物联产业城工地发掘古墓葬41座，其中汉代墓葬4座、北周墓3座⑥、唐墓8座、宋元墓葬26座。该发掘区即位于唐昭容上官氏墓所在的空港新城南大道工地南北两侧（彩版五）。其中M51是已发掘的规模最大的北周墓葬。

2017年11月至2018年7月，陕西省考古研究院在空港新城周陵街道杨家村东南发掘了唐景龙三年（709年）金紫光禄大夫、上柱国、上庸郡开国公、歙州刺史、赠鸿胪卿唐从心暨妻赠许昌郡夫人长孙氏夫妇合葬墓。

2017年至2018年，陕西省考古研究院在空港新城周陵街道雷家村发掘了一处完整的十六国家族墓地⑦。

自2012年起，陕西省考古研究院和西安市文物保护考古研究院在西咸新区空港新城发掘了一大批战国、两汉、十六国、北朝、隋、唐墓葬及遗址，出土了大量珍贵文物。

---

① 负安志编：《中国北周珍贵文物》，陕西人民美术出版社，1993年。

② 陕西省考古研究所、咸阳市考古研究所：《北周武帝孝陵发掘简报》，《考古与文物》1997年第2期。

③ 邢福来、李明：《咸阳发现北周最高等级墓葬——再次证明咸阳北原为北周皇家墓葬区》，《中国文物报》2001年5月2日第1版。

④ 咸阳市文物考古研究所：《咸阳隋代萧绍墓》，《文物》2006年第9期。

⑤ 陕西省考古研究院：《隋元威夫妇墓发掘简报》，《考古与文物》2012年第1期；陕西省考古研究院：《隋鹿善夫妇墓发掘简报》，《考古与文物》2013年第4期；刘呆运、李明、尚爱红：《陕西咸阳底张十六国至唐代墓葬》，《2010中国重要考古发现》，文物出版社，2011年。

⑥ 陕西省考古研究院：《陕西咸阳邓村北周墓发掘简报》，《考古与文物》2017年第3期。

⑦ 刘呆运、赵占锐、赵汗青：《陕西西咸新区雷家村十六国墓地》，《2018中国重要考古发现》，文物出版社，2019年。

第二章　墓葬形制

第一节　形制结构

唐昭容上官氏墓系长斜坡墓道多天井和小龛的单室砖券墓，平面呈“刀”形，坐北朝南。由墓道、过洞、天井、壁龛、甬道和墓室等部分组成，南北水平总长度 39 米（自墓道南口至墓室明圹北口），墓室底距现地表深 10.2 米，方向 172 度（图三；彩版六）。

一、墓　道

墓葬所在地地层可分为 3 层，自上而下为耕土层、近现代堆积层和垆土层。发掘前地面覆盖有杂草、玉米秆等自然植被和农作物遗留。墓道开口于近现代堆积层之下，距现地表深 1.1 米左右，打破垆土层和生土。

耕土层深 0.25 米左右，土质疏松，土色浅黄，夹杂有大量植物根茎及现代残陶片、残瓷片等；近现代堆积层厚约 0.35 米，土色灰黄，土质较耕土层稍硬，夹杂有少量近现代残陶片、残瓷片等，并有大量的植物根茎，墓葬即开口于此层之下，打破垆土层和生土；垆土层厚 0.5 米左右，土色黑褐，土质坚硬，呈颗粒状，夹杂有白色石灰菌丝体；生土土色浅黄发白，土质稍软，细密纯净，无任何包含物。

墓道位于整座墓葬之最南端，斜坡底竖穴土坑结构。平面呈南北向长方形，墓道开口水平长 12 米，南端宽 1.6 米，北端宽 1.5 米，最深处距地表深 4.9 米。墓道中部横截面口小底大。墓道最北端自上而下有 15 厘米的收分，顺势而下至第 1 过洞顶上。墓道底为斜坡底，坡度 18 度，斜坡长度 12.2 米，这个斜坡一直通到甬道南口、砖封门门之南，全长 31.4 米。墓道斜坡地面有厚约 1.2 厘米的踩踏面，系建筑墓葬和下葬时长时间反复踩踏造成的。墓道东西两壁垂直，并有涂刷白灰浆水，无地仗及草拌泥。

墓道南部被一现代扰坑打破，被扰长度为8米左右。

墓道内填五花土，土质较硬，无明显夯层及夯窝，填土内夹杂有少量的残陶片及植物根茎、白灰残块等。

二、过　洞

过洞　5个。自南向北顺序为第一至第五过洞。形制相同，皆为拱形顶斜坡底土洞结构。平面皆呈南北向长方形。过洞宽度皆窄于天井，东西两壁较墓道各内收约10～15厘米不等，形成前后门框。过洞内填五花土、淤土，填土未经夯打。过洞东、西两壁和前、后门墙壁面平直规整，连同顶面刷白灰水绘有壁画，然而保存情况不甚理想。

第一过洞，位于墓道北端，北与第一天井相连。进深2.52米，底部宽1.6米，拱顶高1.9米，两壁自1.6米高处起券。东西壁面均涂有白灰墙皮，顶部略有垮塌。顶部无白灰墙面痕迹。填土顶部有明显的淤层，为多次淤积而成。南壁底距开口深南3.8米、北4.6米（图四）。

第二过洞，位于第一天井北端，北与第二天井相连。进深2.3米，底部宽1.6米，拱顶高1.8米。两壁自1.6米高处起券。拱顶上部垮塌，白灰墙皮高1.6米，无草拌泥迹象，是用白灰直接涂于墙面的，脱落严重。内填五花土，顶部有明显淤层，南壁底部地面距开口深5米，北壁距开口深5.7米。

第三过洞，位于第二天井北端，北与第三天井相连。进深2.32米，底部宽1.6米，拱顶高1.85米。两壁自1.6米高处起券。无草拌泥底障，是用白灰直接涂上去的。内填五花土，顶部有明显淤层，为多次淤积。该过洞南壁斜坡地面距开口深6.3米。北壁地面距开口深7米。为斜坡地面，落差0.7米。东西两壁各开凿有一小龛，分别为东一龛和西一龛。

第四过洞，位于第三天井北端，北与第四天井相连。进深2.08米，底部宽1.7米，拱顶高1.9米。两壁自1.6米高处起券。南门框宽15厘米。内填五花土填实。顶部有明显的淤层，应为多次淤积而成。东西壁面均有白灰墙皮，脱落严重，无草拌泥地仗。白灰墙皮高度与墙体高度相同，拱顶上部垮塌，无白灰墙皮迹象。该过洞南壁面底部距开口深7.5米，北壁面底部距开口深8米，落差0.5米。东西两壁各开凿有一小龛，分别为东二龛和西二龛。

第五过洞，位于第四天井北端，北与第五天井相连。进深1.68米，宽1.70～1.82米，现高2.2米，在1.6米高处开始起券。门框宽0.17～0.4米。东壁面与西壁面均被破坏，严重程度不一。顶部无白灰墙皮痕迹，应为顶部被大面积破坏。西侧墙面被大面积破坏，无白灰墙皮。自该处向下一直破坏到墓室。

第五过洞东壁面残留有一幅人物壁画，保存状况较差，只能观察到大概轮廓。人物高约0.75米，面向北，头戴黑色帽或幞头，墨线勾勒出衣服，脚穿黑色靴子（彩版八1）。

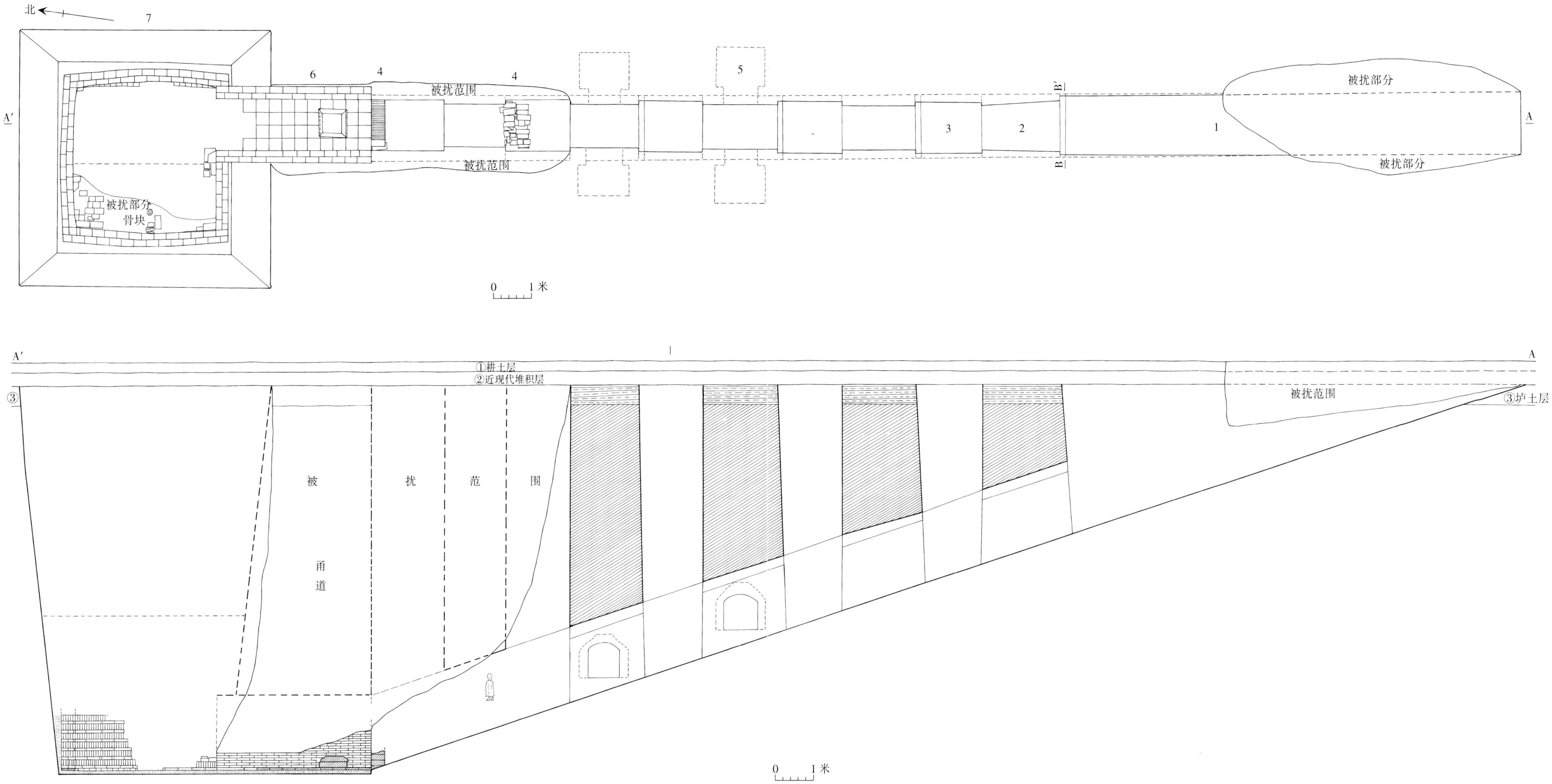

图三　墓葬平、剖面图

1. 墓道　2. 过洞　3. 天井　4. 砖封门　5. 壁龛　6. 甬道　7. 墓室

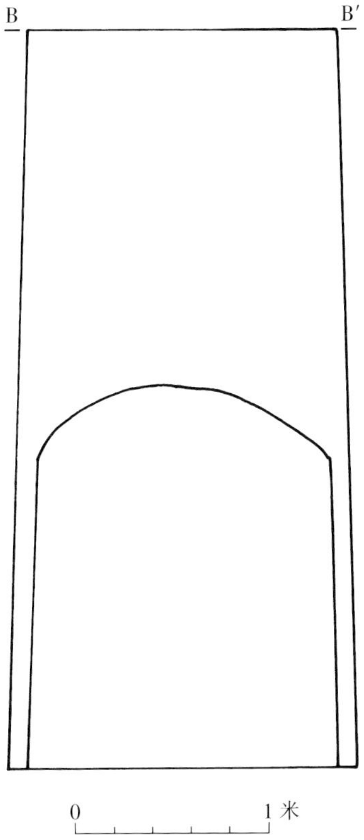

图四　第一过洞南口立面图

三、天　井

天井　5个。自南向北顺序为第一至第五天井。形制结构相同，皆为斜坡底竖穴土坑结构（彩版九）。平面呈南北长方形，口小底大。第四、第五天井开口被扰土坑破坏。天井底部东、西两壁做地仗、刷白灰水绘有壁画。天井内填土为花土，未经夯打。

第一天井，位于第一过洞和第二过洞之间，南距墓道2.07米。上口南北长1.7米，宽1.3米，底斜长度1.49米，底宽1.69米，深度4.57~5米。北壁自上而下斜收至墓道底部地面，南壁较垂直。该天井内填五花土，有粗夯迹象，无明显夯层及夯窝。

第二天井，位于第二过洞与第三过洞之间，南距第一天井1.95米。上口南北长1.7米，宽1.3米，底斜长度1.53米，底宽1.6米，深度5.73~6.18米。天井北壁自上而下斜收至底部，收分为24厘米至天井底部。南壁面垂直。该天井的东西两壁均有白灰墙皮，无草拌泥地仗，是用白灰直接刷涂上去的，脱落较为严重。白灰墙皮与墓道成水平状斜向下，高1.9米。未发现壁画痕迹。天井的南北两壁的高度相同。天井内填五花夯土，质较硬，无明显夯层和夯窝。

第三天井，位于第三过洞与第四过洞之间，南距第二天井1.96米。上口南北长1.65米，宽1.3米，底斜长度1.54米，底宽1.6米，深度6.93~7.41米。北壁自上而下向南斜收16厘米至斜坡墓道上。东西两壁面宽出过洞各10厘米左右，与过洞边形成一拐角。天井的两壁均有白灰墙皮，与墓道斜坡成水平状而下，白灰墙皮厚0.3厘米，是用白灰直接涂在墙面上的，无草拌泥地仗，纯白色，无其他颜色。天井的南北过洞顶部同样为白灰墙皮。高度与两壁相同。白灰墙高1.9米。天井内填五花夯土，粗夯，无明显夯层及夯窝，夹杂有少量残陶片等。

第四天井，位于第四过洞与第五过洞之间。上口因被扰土坑完全破坏，规格不详。底宽1.6米，深10.1米。被扰深度自开口向下约6米深，形成一个不规则的扰坑，一直扰到墓室上。该天井的北壁被全部扰乱，由墓道底向上2米的壁面残留有白灰墙皮。南壁垂直，未经扰动。西壁已无白灰墙皮残留痕迹。该天井的北侧有并排的两叠封门砖，残高约0.8米，用来封堵第五过洞入口。天井内填五花夯土，质较硬，无明显夯层。夹杂有少量残砖、陶片等。

第五天井，位于第五过洞与甬道之间。上部被扰严重，规格不详。底南北长1.9米，宽1.6米。东壁只残存有高1.1米的壁面，西壁基本破坏至底（彩版一〇）。该天井的北侧有单层封门砖，残高约0.3米，用来封堵甬道入口。天井东壁残高1～1.6米。西壁被破坏基本到底部。内填五花土，夹杂有少量的残砖块及陶俑残片。

第五天井底部东壁保存有人物壁画残迹，可见一简单的用墨笔勾勒的人物下半身（彩版二九1）。

四、砖封门

在第四天井底部北侧和第五天井底部北侧砌筑两道砖封门，分别封堵第五过洞入口和甬道入口。两道砖封门均已被破坏，残留下半部（图五；彩版一二、彩版一四3）。封门用条砖，采集标本长35.2

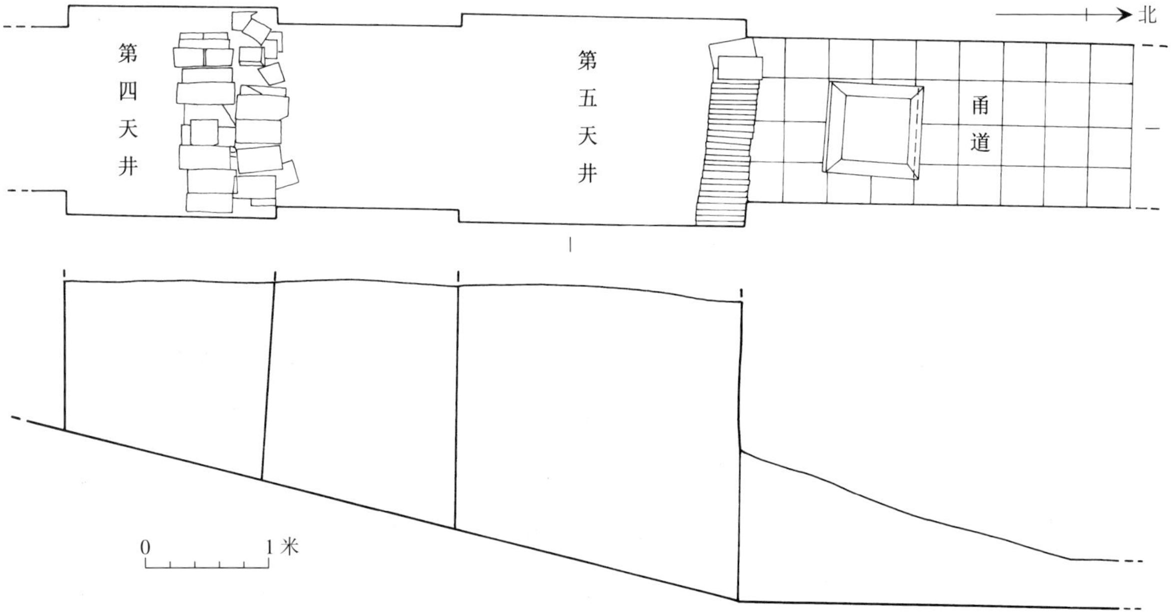

图五　砖封门俯视图

厘米，宽16.2厘米，厚6.2厘米，砖面留有两方相连的方形篦状拍印纹（图七1）。

第一道砖封门位于第四天井底部北侧，紧贴第五过洞南口。砌筑方法为双层顺砖水平丁摆，上半部被破坏，残高0.8米（图六1、2；彩版一三1、2）。封门砖排列不甚整齐。

第二道砖封门位于第五天井底部北侧，紧贴甬道南口。砌筑方法为顺砖斜向丁摆，残留底部二层条砖，残高0.3米（彩版一四1、2）。第五天井扰土中残留有大量的砖块，可见甬道口的砖封门应该曾遭人为故意破坏。

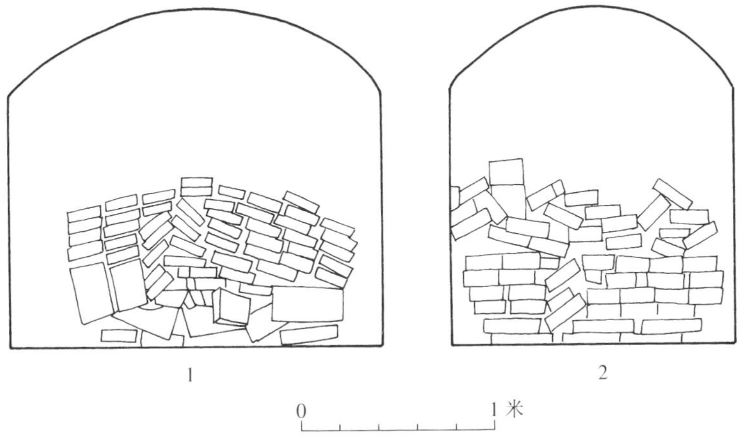

图六　砖封门立面正视图

1. 南侧立面　2. 北侧立面

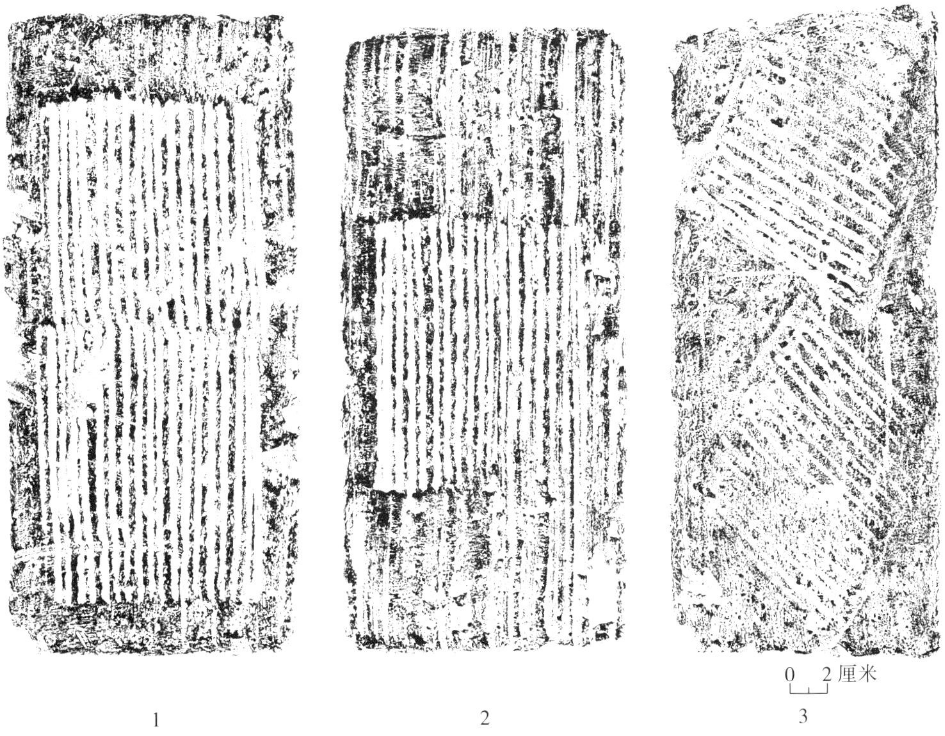

图七　建筑用条砖拓本

1. 封门砖　2. 甬道用砖　3. 墓室用砖

五、壁　龛

壁龛　4个。两两对称开凿于第三、第四过洞两壁（彩版一五）。皆为穹隆顶土洞结构，平面近似“凸”字形，顶部中央向上内收形成方形藻井（彩版一八3），底部平坦。龛口开拱形门，砌筑砖封门，可能使用木门。龛内壁面较规整，未粉刷。龛内放置随葬品，填土为淤土。

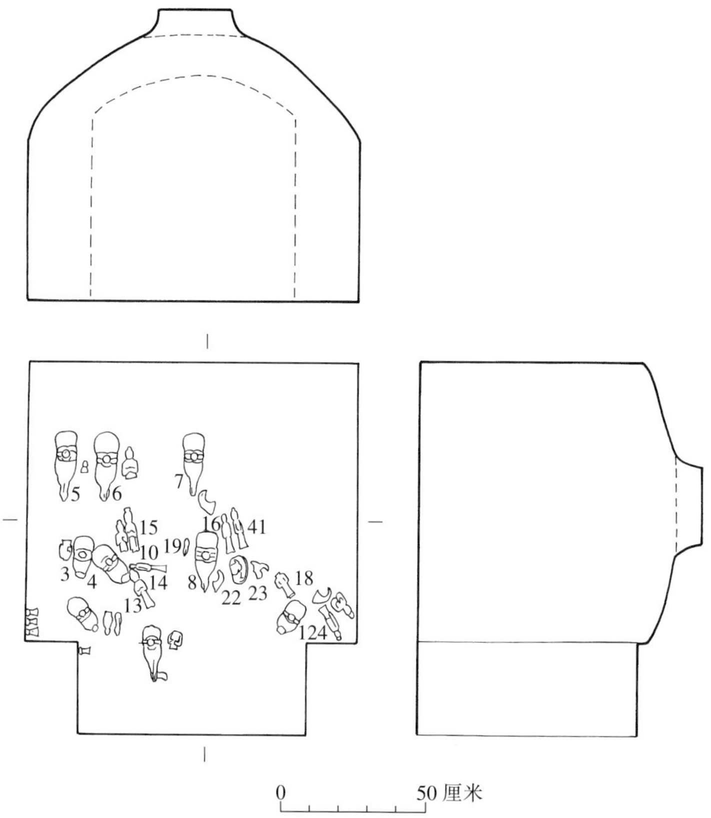

图八　东一龛平面、剖面图

东一龛，位于第三过洞东壁。龛口宽0.9米，高0.9米，进深0.35米；龛内进深1.3米，宽1.05米，高1.1米，从0.8米高处起拱，顶部中央向上内收（图八；彩版一八3）。龛口残留有极少量的铜鎏金残片，上有朽木痕迹。由此推断该封门为木质封门。龛内放置随葬器物25件。种类有骑马俑、立俑和少量陶动物（图一二；彩版一七）。

西一龛，位于第三过洞西壁。龛口宽0.8米，高0.85米，进深0.35米；龛内进深1.3米，宽1.05米，高1.1米，从0.85米高处起拱，顶部中央向上内收（图九；彩版一六）。根据龛口残留物的朽木及铜器残片，由此推断该封门为木质封门。龛内放置随葬器物28件，种类有立俑和陶动物（图一三；彩版一八）。

东二龛，位于第四过洞东壁。龛口宽0.83米，高0.9米，进深0.38米；龛内进深0.98~1.02米，

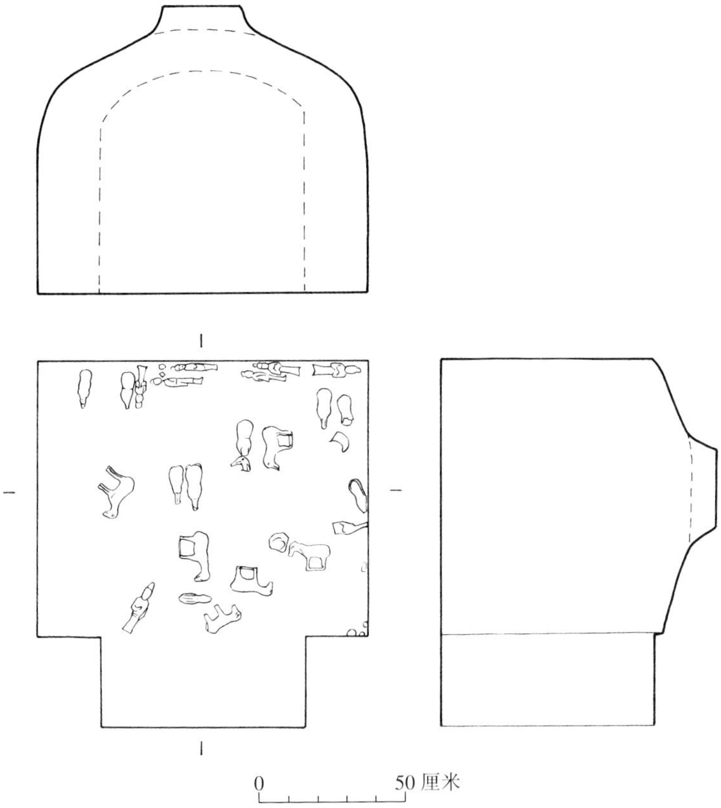

图九　西一龛平面、剖面图

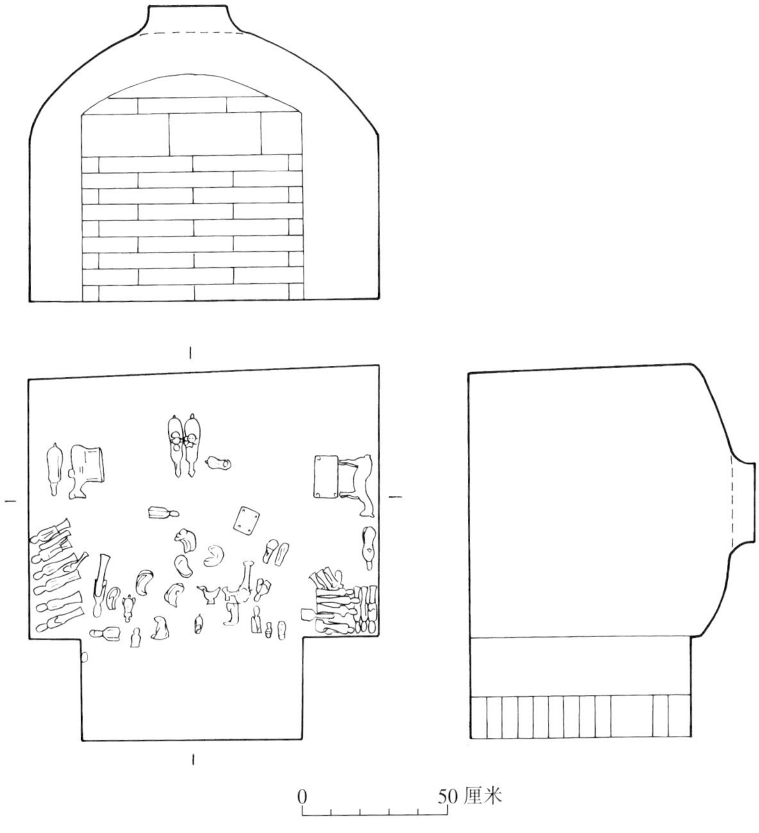

图一〇　东二龛平面、剖面图

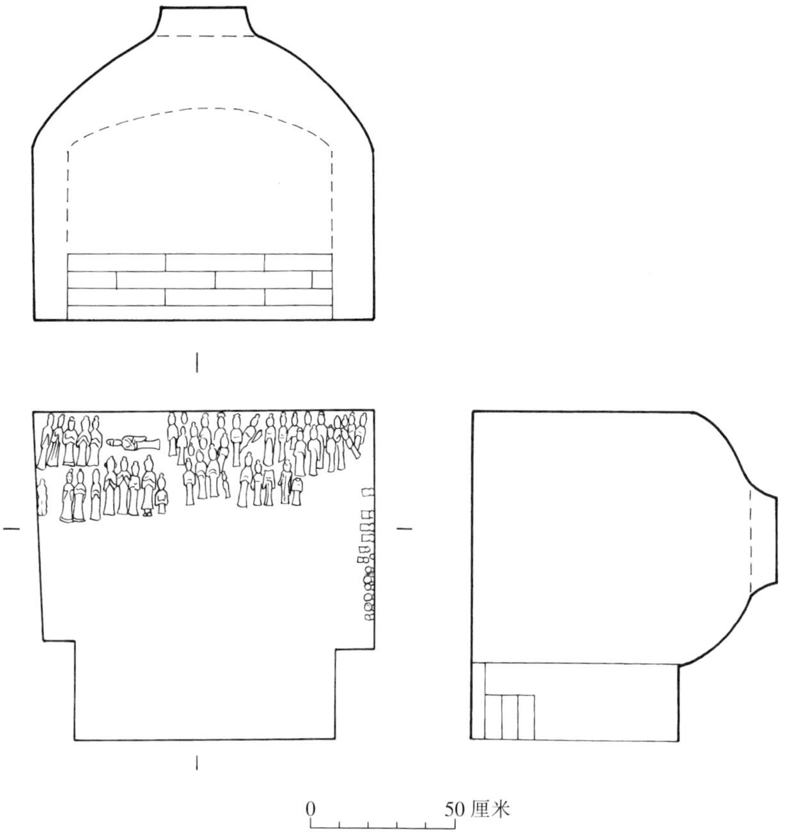

图一一　西二龛平面、剖面图

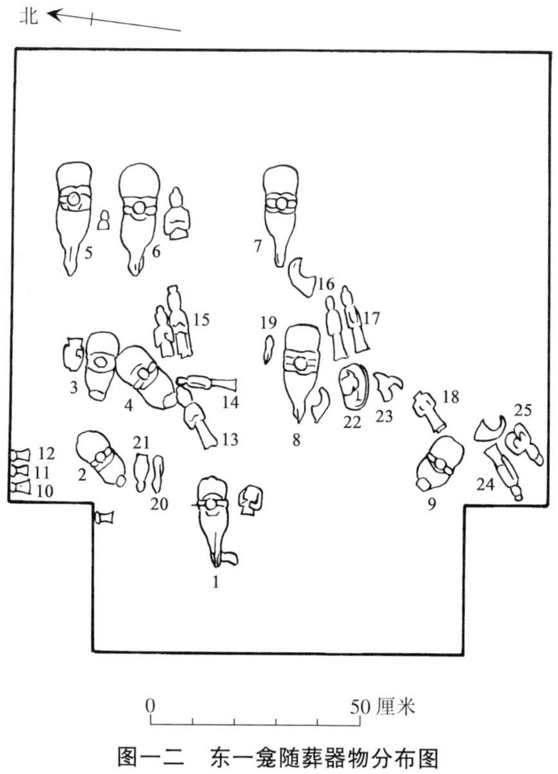

图一二　东一龛随葬器物分布图

1、6、7、9. 幞头男骑马俑　2、4、8. 回鹘髻女骑马俑　3、5. 反绾髻女骑马俑　10～14、16～18、24. 幞头俑
15、25. 反绾髻女俑　19、20. 陶猪　21. 陶羊　22. 陶狗　23. 陶鸡

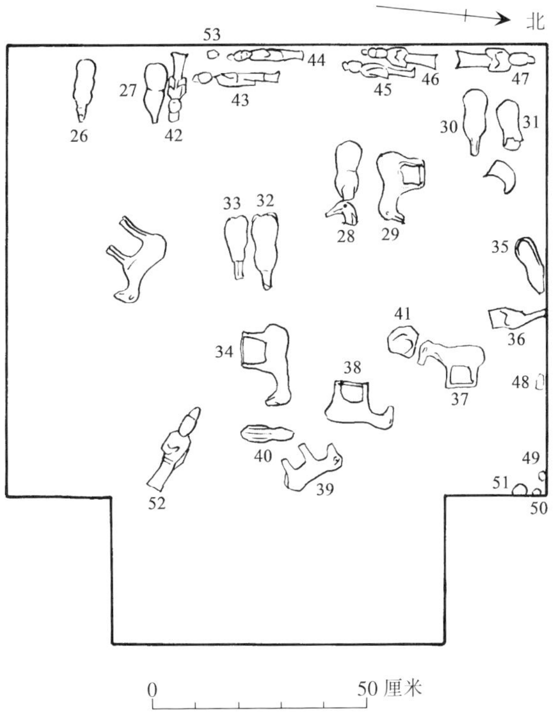

图一三 西一龛随葬器物分布图

26～39. 陶马 40. 陶猪 41. 陶狗 75、76. 甲骑具装俑 42、43、49、51. 风帽俑
44、45、47、48、52、53. 反绾髻女俑 46、50. 幞头俑

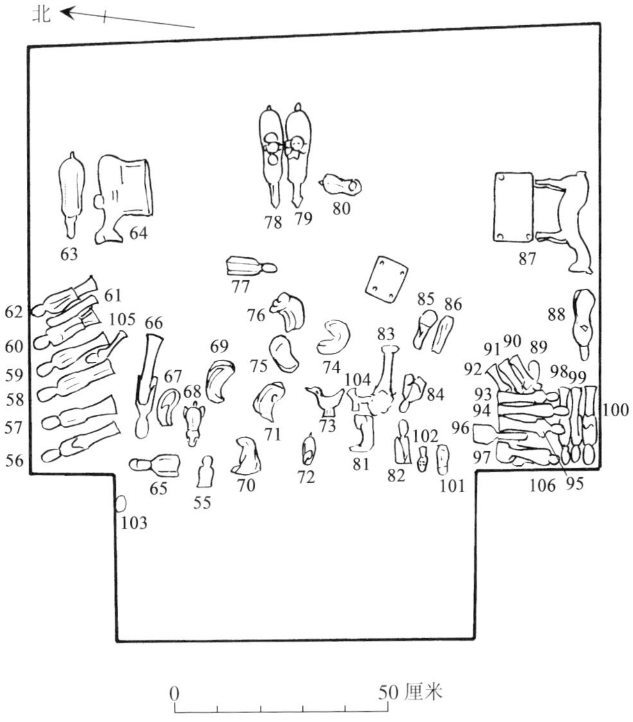

图一四 东二龛随葬器物分布图

54、82、101、102. 陶猪 55、60、90、91、95、105. 幞头俑 56、58、59、61、62、65、66、83、94、96、99、100、103、106. 风帽俑
57、89、93、97、98. 反绾髻女俑 63、64、79、87. 胡人女骑马俑 67、69～71、74～76、81. 陶狗
68、72、77、80、84～86. 陶羊 73、104. 陶鸡 78、88. 陶骆驼 92. 回鹘髻女俑

宽1.35米，高1.1米，从0.7米高处起拱，顶部中央向上内收（图一〇；彩版一六）。砖封门顺墓道方向平砌错缝而成，封门尺寸与口部尺寸相同。共用平砖11层，卧砖2曾，共计13层。砖长36厘米，宽17厘米，厚6厘米。龛口部南北壁面均涂有白灰墙皮。龛内被淤土填实，放置随葬器物54件。种类有骑马俑、立俑和陶动物（图一四；彩版一九）。

西二龛，位于第四过洞西壁。龛口宽0.95米，高0.75米，进深0.35米；龛内进深0.89米，宽1.22～1.25米，高1.1米，从0.6米高处起拱（图一一；彩版一六2）。砖封门为错缝平砌而成，已垮塌，残留有4层砖，残高0.24米。龛口部壁面为白灰墙皮。龛内被淤土填实，放置随葬器物66件，种类有立俑和陶动物（图一五；彩版二〇）。

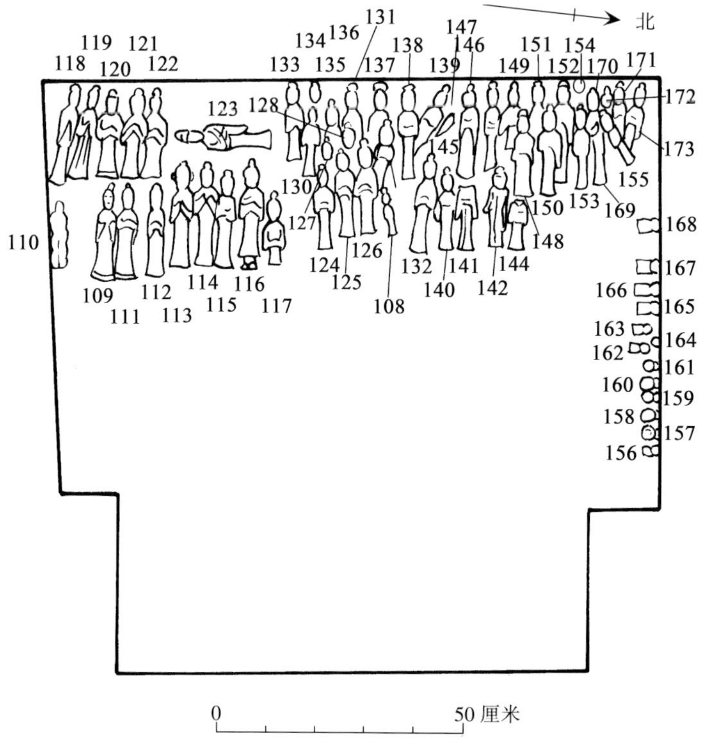

图一五　西二龛随葬器物分布图

108、136. 小型回鹘髻女俑
109、111～115、117～119、122、123、125～135、137～153、155、157～159、161～163、166～168、171～173. 回鹘髻女俑
110. 陶牛　116、120、156、160、164、169. 反绾髻女俑　121、124、90、91、95、105. 幞头俑　154、165、170. 风帽俑

六、甬　道

甬道位于第五天井与墓室之间，砖券洞室结构。平面呈南北向长方形，进深4米，宽1.3米，顶部结构因被破坏，形制不详，推测为拱券顶。甬道东、西二壁破坏严重，东壁残高0.42～0.96米，西壁残高0.42～1.15米，北部保存墙面较低。砖墙厚0.36米，为双层顺砖错缝平砌筑成。壁面抹厚约1厘米的草拌泥地仗，涂白灰墙面，墙皮厚0.2厘米。壁面原本绘有壁画，但脱落严重，无法辨别内容，

观察到有红色、绿色、黑色等色彩。甬道建筑用条砖采集标本长 34.5 厘米，宽 16.2 厘米，厚 6 厘米，砖面正中留有两方相接的方形篦状拍印纹（图七 2）。

甬道地面平坦，用方砖墁就，对缝平铺，纵向 4 列，每列 10 块砖。靠近墓室入口处的地砖被揭掉无存，甬道地面共计残存 38 块方砖。方砖边长 33 厘米，厚 6 厘米，素面。甬道北口位于墓室南壁偏东（图一六）。甬道内填淤土，夹杂有大量残砖块及残陶片。

甬道中部地面上放置青石墓志一合，墓志南距甬道南口 0.6 米。出土时志盖覆于志石之上，略有错缝，上首皆朝北，未见扰动痕迹（彩版二一）。

甬道北部东壁下出土一残镇墓武士俑和残镇墓兽，颜色鲜艳（彩版二二）。镇墓俑附近还出土有小型陶俑 8 件。从甬道内采集的陶片中修复陶塔式罐 1 件（编号 XKNM1∶192）、陶盏 1 件（编号 XKNM1∶193）。

七、墓　室

墓室位于整座墓葬之最北端、地下最深处，明圹砖券洞室结构。所谓“明圹砖券”，即先深挖一方形土圹，在土圹底部用砖砌筑墓室，然后夯土回填。这是唐代高等级墓葬常用的墓室建造方法。

（一）墓室土圹

该墓墓室土圹开口于近现代堆积层之下，与墓道、天井开口层位相同，开口距现地表深 0.6 米。土圹平面呈正方形，口大底小。开口边长 6.5 米，开口距墓室底深 9.6 米。四壁斜收而下，壁面平整（图三；彩版二三 1）。墓室底部土圹的北壁上有明显的工具修整留下的痕迹，宽度为 12 厘米左右。

土圹底平面略呈正方形，南北长 4.5 米，东西宽 4.9 米。土圹底部用条砖砌筑墓室。墓室长 4.5 米（外墙壁），宽 4.35 米（外墙壁）。四壁墙均有弧度，土圹与砖墓之间的空隙夹有垫土，最窄处 10 厘米，最宽处 32 厘米不等。在墓室与土圹四个角处加有砖，摆放方法不一。

土圹内填五花夯土，并有明显的夯层，夯层厚 30～40 厘米不等。每层土色不同，黑褐色夯土层厚约 30 厘米，淡黄色夯土层厚约 40 厘米。夯土总深度 5.8 米，之下为扰土。墓室扰土中夹杂有大量残砖块，这种情况说明，墓室底部的 4 米是被水平扰动破坏的。

（二）砖券墓室

砖券墓室平面呈四壁略向外弧凸的正方形。室内南北长 3.67 米、东西宽 3.86 米，墓室内面积约 14 平方米。顶部完全塌陷，形制不明。壁面上残留有厚约 1 厘米的草拌泥和白灰墙皮，并有少量的白色、绿色壁画残留物，内容不详。墓室四壁残存高度不一。北壁破坏最为严重，几乎破坏到底层。墓室内铺地砖全部被破坏，仅留有墓室西侧砖棺床的少部分砖。墓室入口西侧地面残存一块方砖，与甬

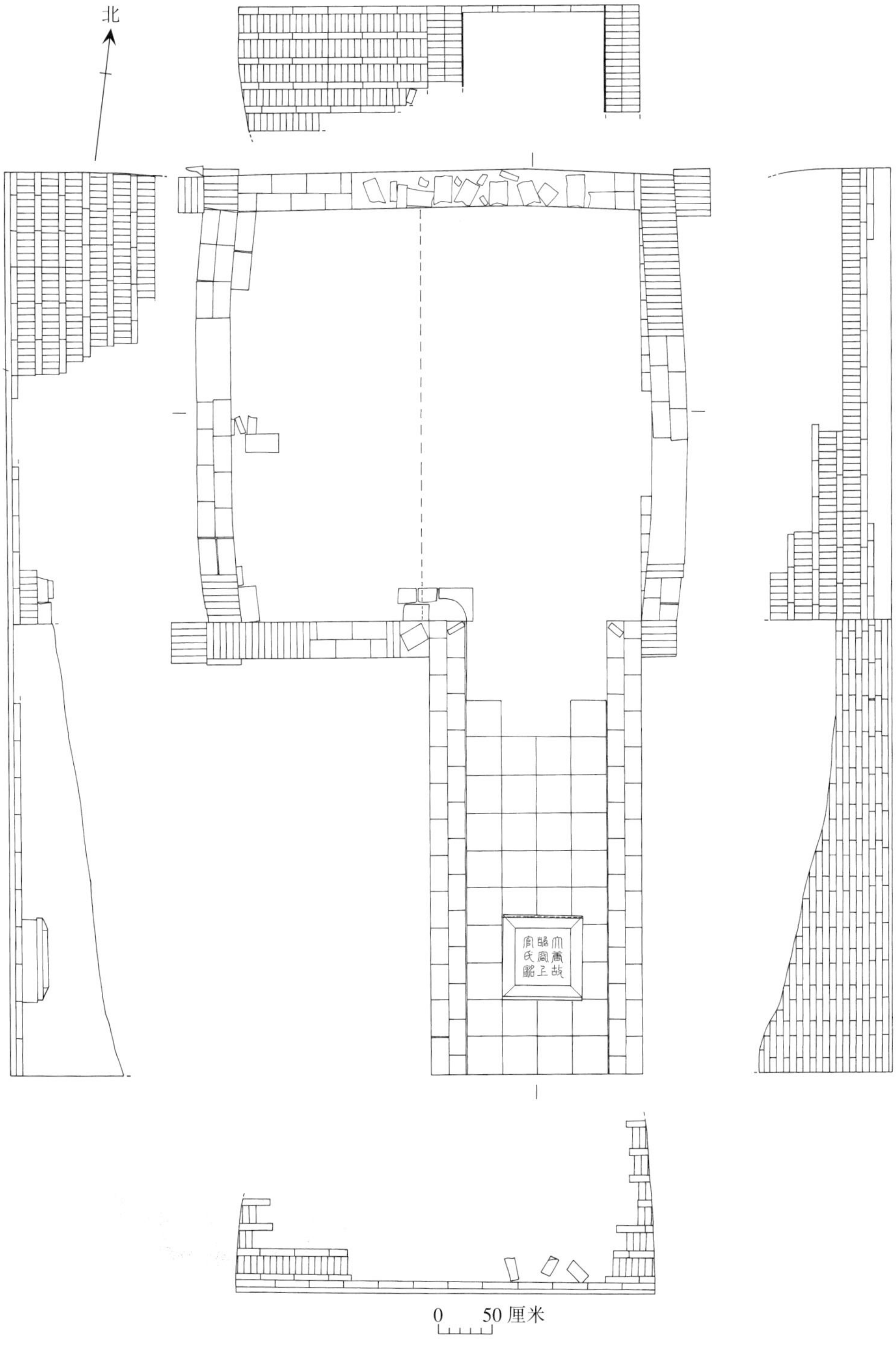

图一六　甬道、墓室平面、立面图

道铺地砖规格相同，说明墓室地面原本用方砖墁地，与甬道地面接续。墓室底部有大量的残砖块堆积，其中墓室中间部分最多，形成一中间高、四周低的山包状堆积（彩版二四）。墓室建筑用砖采集标本长 34 厘米，宽 15 厘米，厚 6 厘米，砖面留有两方斜向的方形篦状拍印纹（图七 3）。

墓室东壁长 3. 63 米，残存高度最低处仅 6 厘米，为一层砖。最高处高度为 1. 36 米。采用一平一立式以此类推而成。6 层平砖，为双排。6 层卧砖，东西横向摆放。每层中间垫有细泥做粘合作用。拐角处有弧度，并有草拌泥及白灰墙皮，厚1厘米（图一六；彩版二五1）。

墓室西壁长3.63米，残存高度最低处28厘米左右，最高处98厘米。同东壁做法相同，采用一平一卧式而成。4层平砖，为双排。6层卧砖，东西横向摆放。每层中间夹有细泥。拐角处有弧度，在壁面上残留有草拌泥及白灰墙皮厚约1厘米左右（图一六；彩版二五2）。

墓室南壁长3.5米，甬道东侧处墓室南壁与东壁形成一直角，残高42厘米。由6层砖平砌错缝而成。甬道口北部墓室南壁，长174厘米。残高最低处74厘米，最高110厘米。采用一平一卧式叠压而起。共有双排平砖5层，南北横向卧砖5层，中间夹有细泥，中间略有弧度。在砖墙壁面上有草拌泥及白灰墙皮1厘米左右。脱落严重，无内容。甬道北口即墓室入口位于墓室由南壁东侧（图一六；彩版二六1）。

墓室北壁长3.55米。破坏最为严重，残存高度不一，中间部分已破坏至底层，最低处残高0.24米，最高处残高1.38米。采用一平一卧式叠压而起。东北角处由7层平砖6层卧砖，中间夹有细泥而筑成。西北角处4层平砖，3层卧砖中间夹有细泥而筑起。北壁墙中间部分仅存有一层平砌错缝而成（图一六；彩版二六2）。

砖棺床长度与墓室长度相同，宽度不详。高度约为0.2米（参考墓室西南角与西北角棺床高度）。墓室四周砖墙修筑方法相同，底层为双排平砌错缝而成，上层为横向卧砖而成。每层中间用细泥做垫层以此类推向上而成。从土圹（北壁）上残留下的工具痕迹来看，墓室的直壁高度应为1.6米左右，向上起拱成穹隆顶。

因墓室被毁坏严重，葬具无存，葬式也无从推测。墓室内基本无随葬器物，在扰土中出土铜钱1枚（编号XKNM1∶191），墓室东南角扰土出土陶塔式罐1件（编号XKNM1∶177）。

墓室底部中央出土有少量残碎骨殖，经检测分析为黄牛颅底的枕骨（见本报告附录一）。黄牛骨出土层位位于墓室顶倒塌堆积之下、墓室底生土之上，说明此骨殖是在墓室遭到毁坏的过程中混入墓室的，具体时间应该在墓室底铺地砖被揭掉之后到墓室顶券砖倒塌之前。

第二节　墓葬被毁迹象

唐昭容上官氏墓第四天井以北的结构遭到大规模破坏。第四、第五天井开口被一形状不规则的扰坑打破。此坑自开口垂直向下深约6米，将这两个天井底部向上约1米以上的部分完全破坏，同时破坏了两个天井内砌筑的两道砖封门，然后水平向北破坏了甬道地面以上的绝大部分并直通墓室（彩版二七）。

墓室底铺地砖被完全揭除，墓室西半部原先棺床的位置也彻底被铲平，暴露出墓室土圹底部的生土（彩版三〇）。墓室发掘到底后空无一物，只发现了一件被放置在东南角墙壁上的塔式罐和若干块残碎的牛骨。

墓室顶部完全坍塌，塌陷后所形成的扰土和淤土中夹杂有大量残砖块，墓室中间部分最多，形成山包状（彩版二四）。

墓室四壁也被破坏，残存最高的东壁仅1.36米（彩版二五、二六）。

从破坏的范围和墓室的现状判断，如此程度的毁坏不似一般盗墓所致，应系大规模、有组织的破坏行为，很有可能是“官方毁墓”所造成的结果。

第三章　随葬器物

唐昭容上官氏墓共出土随葬器物194件（组），种类有陶俑、陶动物、陶器和一些小件器物。除一小部分出土于天井和甬道底部以及墓室外，大部分出自四个壁龛中。下面按照随葬器物的类别分别作以详述。

第一节　陶　俑

陶俑是这座墓葬最主要的随葬品，共出土142件。所有陶俑皆为泥质红陶胎模制，一部分烧成后通体施以白衣，再以彩绘涂装，彩绘保存不佳；另一部分为素烧，未施彩绘。陶俑种类较为单调，只有镇墓俑、骑马俑和立俑三种。除镇墓俑外，制作皆较粗糙。骑马俑和立俑普遍存在胎体气泡孔、合模不正等现象，说明这批陶俑没有经过仔细塑形、修整和彩绘。

一、镇墓俑

无完整器，出土残件若干。共计4件，分别为一对镇墓武士俑和一对镇墓兽。皆出自甬道北部，推测系因体型高大，在“毁墓”的过程中遭到破坏。

1. 镇墓武士俑

共2件。碎裂成若干残块，仅余头部和部分胸部。两俑形制基本相同。从残存高度推测，其原本高度应在100厘米以上。

XKNM1∶175（图一七1；彩版三一1、2），残高40厘米。未戴冠帽。头顶梳佛手状发髻，分为5瓣，以五边形束发箍固定。头戴红色环形发箍，发箍以下的发型作卷边分瓣。方面大耳，表情凶恶。拧眉瞪目，双眼凸出眼眶，张口露齿，口内中空。唇上用黑色绘两撇长八字须，颌下用墨笔绘出一周短须。双耳垂轮，耳垂上戴圆环状耳环。头发涂红色，面部涂肉红色彩，眼眶以黑色勾绘，瞳孔

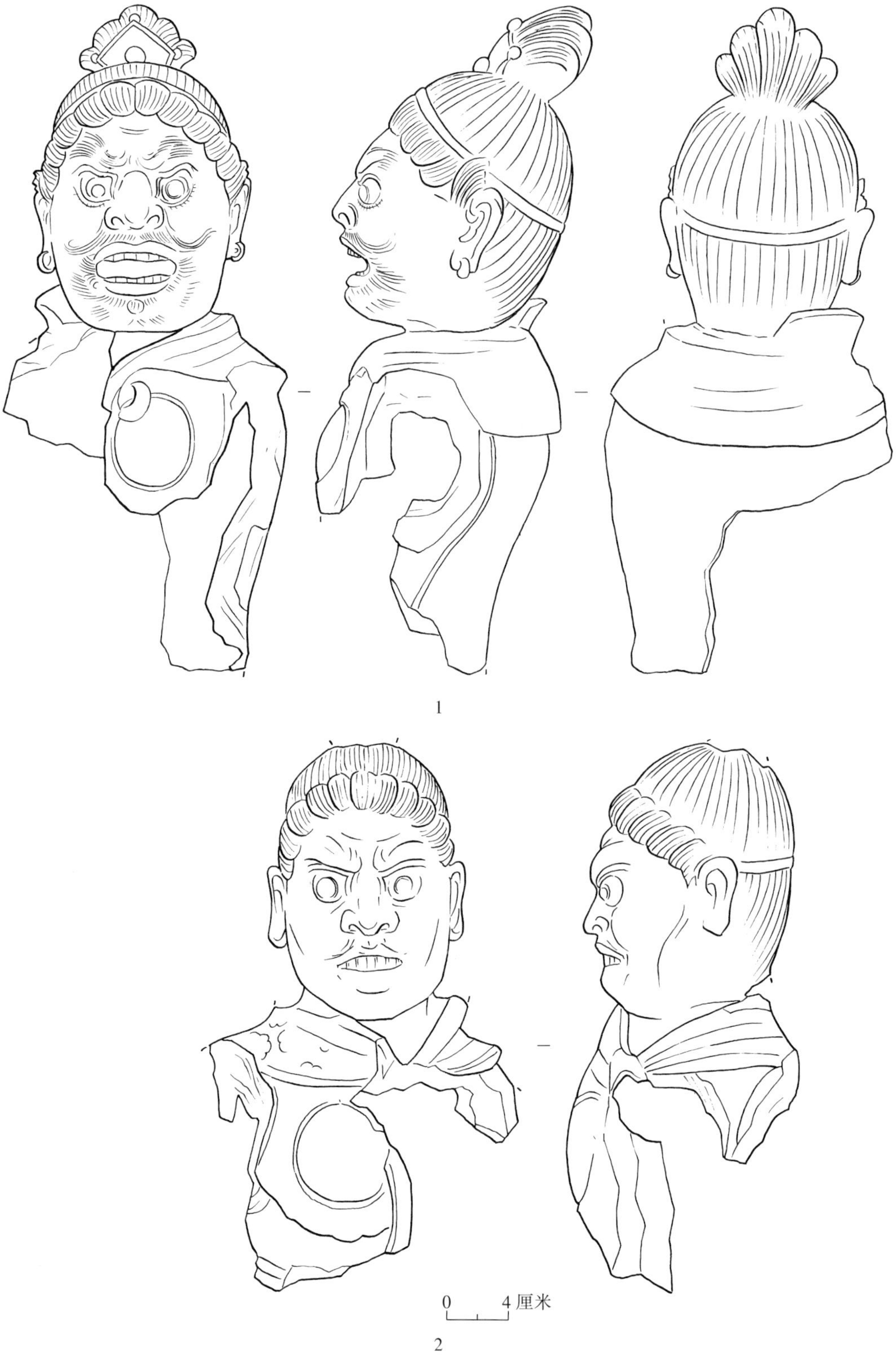

图一七 镇墓武士俑

1. XKNM1∶175 2. XKNM1∶194

黑色，眼球涂肉红色，唇上涂朱。上身着明光铠，盆领，颈戴红色领巾。左胸残存一白色圆形明光。

XKNM1∶194（图一七2；彩版三一3），残高32.7厘米。发型与前者相同，头顶发髻残佚。口微张，以上齿咬住下唇。

2. 镇墓兽

共2件。仅残存下半部。皆出自甬道。

XKNM1∶195（图一八1；彩版三二1、2），存躯干下半部、下肢和底座，残高32.8厘米。蹲踞在树桩形底座之上。右腿蜷曲，向右打开；左腿屈膝，稍向左伸展。腿部肌肉线条分明。尻有短尾，尾部以上沿脊柱有向上的火焰状鬃毛。底座正面中部有一圆孔。

XKNM1∶196（图一八2；彩版三二3），存躯干下半部的后部，残高26.9厘米。蹲踞姿态。背部沿脊柱向上有火焰状的鬃毛。

二、骑马俑

骑马俑共计13件，皆出自壁龛。种类有男骑马俑和女骑马俑。骑马俑由于雨水和淤泥的浸泡，出土时都已残碎，特别是马腿，几乎无一完整。

骑马俑的制作方法是：骑俑上半身前后合模制作，下半身模印在马身上；马左右合模制作，然后将骑俑上半身粘接在马背上。烧成后通体施以彩绘。

1. 男骑马俑

幞头男骑马俑　4件。皆出自东一龛，形制、规格完全相同。骑俑为男性。头裹幞头，巾子分两瓣并前倾，额顶和脑后可见系结的巾脚。方面、宽下颌，小眼圆睁，阔鼻抿嘴，厚唇上翘。着翻领窄袖衫，下摆过膝。双臂曲肘，双手握拳，右手置胸前，左手置腹上。下身穿裤，脚穿长靿靴。马踏长方形踏板站立，剪鬃扎尾，额顶两片小刘海向后弯曲，遮住马耳。备黑色鞍鞯。以墨线勾绘出络头、攀胸、鞧带等马具。

XKNM1∶1（图一九；彩版三三），通高31.2厘米，马高25.4厘米，马长22.6厘米。骑俑裹黑色幞头，面敷白彩。马通体红色，尾稍残。

XKNM1∶6（图二〇；彩版三四），通高30.6厘米，马高25.3厘米，马长22.5厘米。骑俑裹黑色幞头，穿红色窄袖衫。马通体白色，马具不明显。

2. 女骑马俑

共9件。反绾髻和回鹘髻女骑马俑共5件，出自东一龛；胡人女骑马俑4件，出自东二龛。

反绾髻女骑马俑　2件。形制、规格完全相同。骑俑为女性，着男装，与幞头男骑马俑着装相同。头梳反绾髻，即将发分两股，在头顶交叉反绾形成“丫”字形，并于发髻之下系结。圆脸，微颔首，面目清秀，闭眼抿嘴，表情恭顺。着翻领窄袖衫，下摆过膝。双臂曲肘，双手握拳，右手置胸前，左

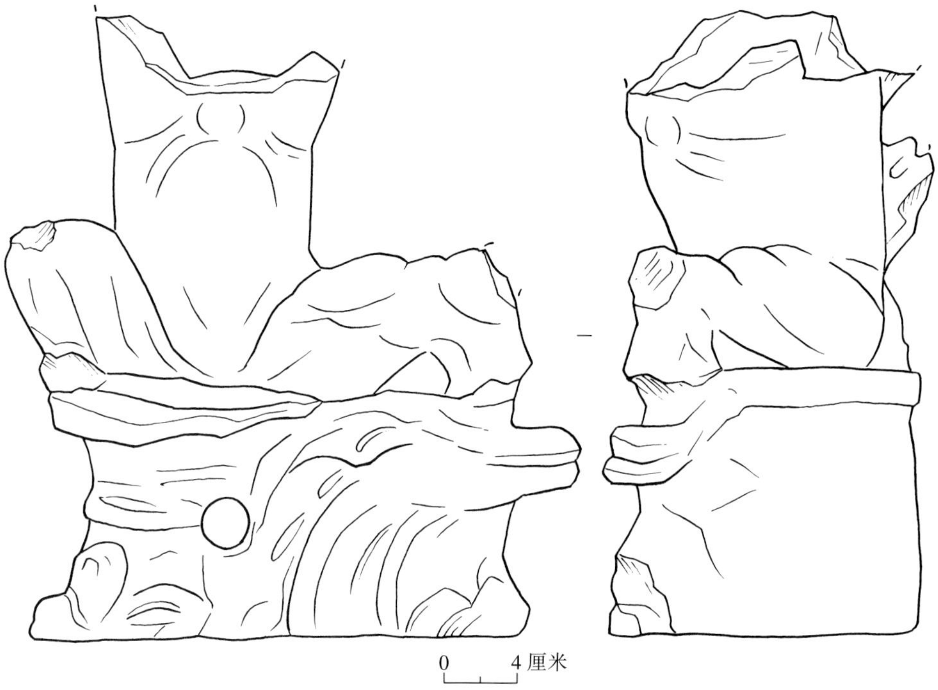

1

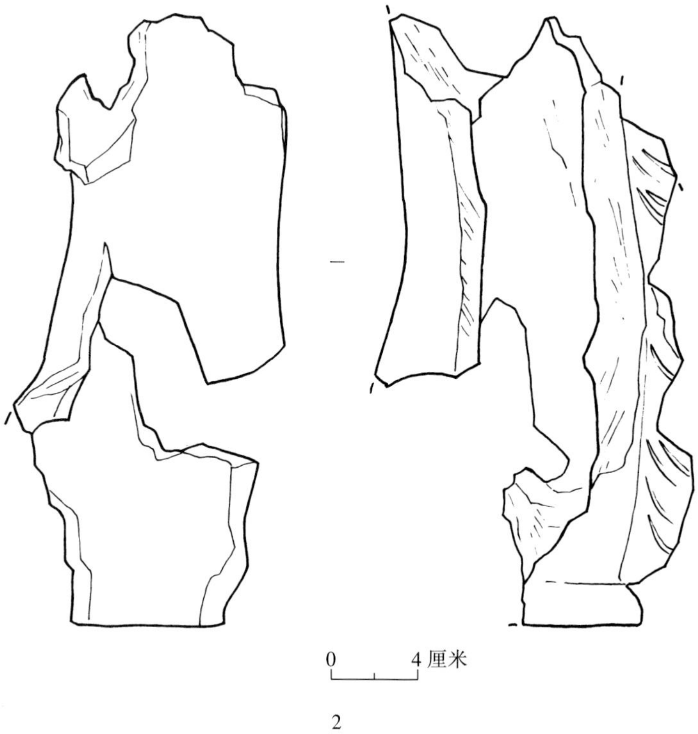

2

图一八　镇墓兽

1. XKNM1∶195　2. XKNM1∶196

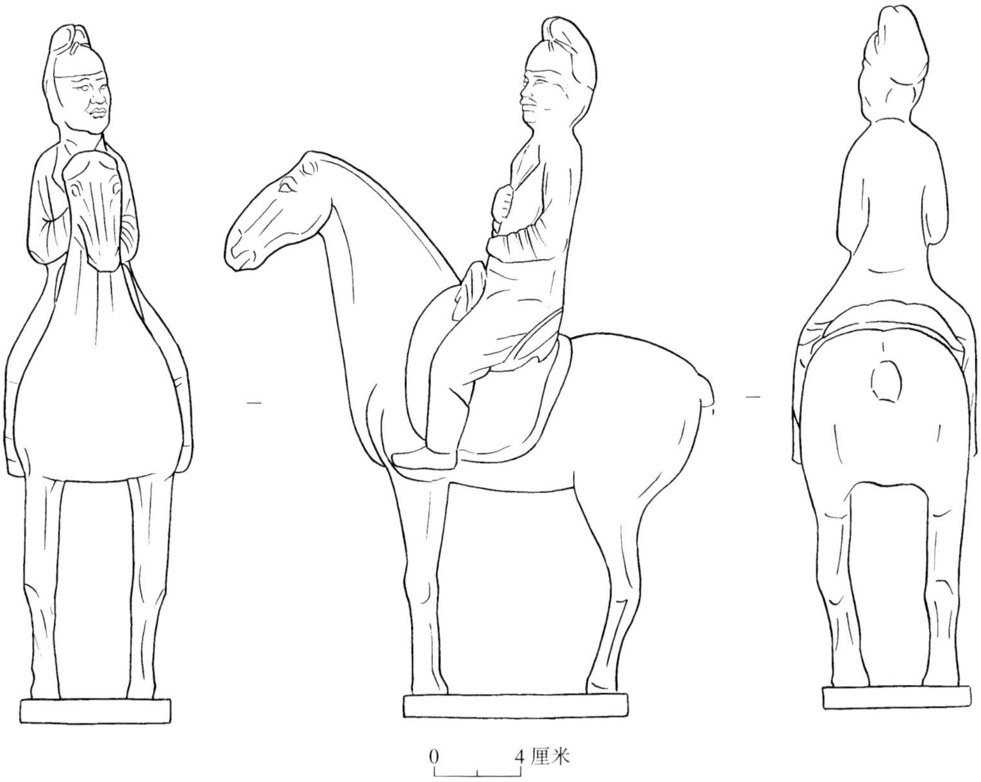

图一九　幞头男骑马俑

XKNM1∶1

图二〇　幞头男骑马俑

XKNM1∶6

手置腹上。下身穿裤，脚穿长靿靴。马踏长方形踏板站立，剪鬃扎尾，额顶两片小刘海向后弯曲，遮住马耳。备黑色鞍鞯。以墨线勾绘出络头、攀胸、鞧带等马具。

XKNM1∶5（图二一；彩版三五），通高 30.7 厘米，马高 24.1 厘米，马长 22.1 厘米。马通体白色，马具不明显。

XKNM1∶3（图二二；彩版三六），通高 31.4 厘米，马高 24.5 厘米，马长 22.7 厘米。马通体枣红色，面部和马项作白色。马具不明显。

回鹘髻女骑马俑 3 件。形制、规格完全相同。骑俑为女性。头梳回鹘髻，即将长发向上绾成右高左低的发髻，将发尾盘绕于发髻之下。圆脸，面容清秀，闭眼抿嘴，表情恭顺。上身着窄袖襦衫，肩披披帛。披帛虚裹双肩后一端自然下垂至身后，胸前的披帛多褶并下垂。下身穿裙，束腰提至胸下，下摆较短，露出长靿靴。左臂微曲肘，手置于前鞍桥上，右臂自然下垂，双手隐于袖中。马踏长方形踏板站立，剪鬃扎尾，额顶两片小刘海向后弯曲，遮住马耳。备黑色鞍鞯。以墨线勾绘出络头、攀胸、鞧带等马具。

XKNM1∶2（图二三；彩版三七），通高 31.4 厘米，马高 25.1 厘米，马长 22.5 厘米。骑俑穿砖红色襦衫、白裙、白披帛、黑靴。马通体枣红色。

XKNM1∶8（图二四；彩版三八），通高 30.1 厘米，马高 23 厘米，马长 23 厘米。发髻稍残，彩绘脱落严重。骑俑穿黑靴。马通体白色，可见墨线勾绘的攀胸、鞧带。

胡人女骑马俑 4 件。形制、规格完全相同。骑俑为胡人女性。头梳辫发，将长发左右中分，分别编辫，然后由头两侧向后盘绕系结，在脑后形成盘髻。面容丰满，五官立体。眉弓凸起，凤眼圆睁，鼻梁高挺，鼻翼较宽，厚唇抿嘴，双下巴。上身转向左侧。着翻领窄袖衫，下摆过膝。双臂曲肘，双手握拳，右手置胸前，左手置腹上。下身穿裤，脚穿长靿靴。马踏长方形踏板站立，剪鬃扎尾，额顶两片小刘海向后弯曲，遮住马耳。备黑色鞍鞯。以墨线勾绘出络头、攀胸、鞧带等马具。

XKNM1∶63（图二五；彩版三九），通高 29.7 厘米，马高 24.4 厘米，马长 23.5 厘米。骑俑唇上点朱，面颊上有凹陷的笑靥。穿白衫，翻开的领口涂红色的襕边。马通体白色，右臀残。可见墨线勾绘的络头、攀胸和鞧带。

XKNM1∶87（图二六；彩版四〇），通高 28.9 厘米，马高 23.6 厘米，马长 23.5 厘米。骑俑颔首，上身微微左转。穿白衫、黑靴。马通体枣红色，面部和项部涂白色。可见墨线勾绘的攀胸、鞧带。

三、立　俑

立俑共计 126 件。除 8 件小型立俑出于甬道北部以外，其余皆出自壁龛。所有的立俑均为前后合模制作，烧成后施以彩绘。

根据性别和服饰、发型的区别，可以分为如下几类：男立俑有幞头俑、风帽俑；女立俑有反绾髻

图二一　反绾髻女骑马俑

XKNM1∶5

图二二　反绾髻女骑马俑

XKNM1∶3

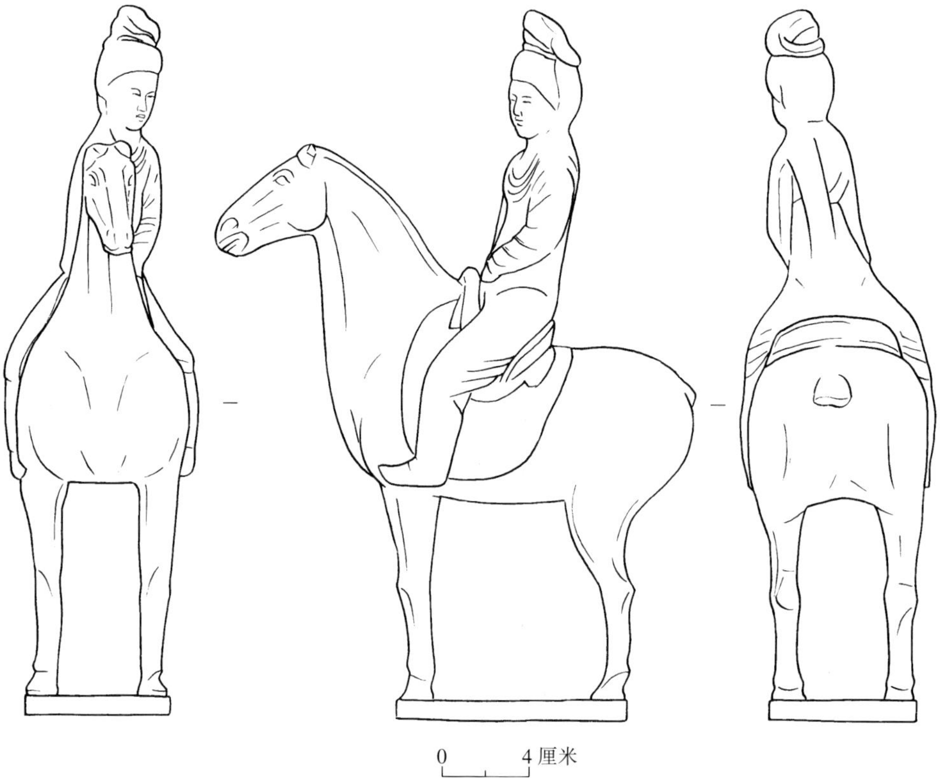

图二三　回鹘髻女骑马俑

XKNM1∶2

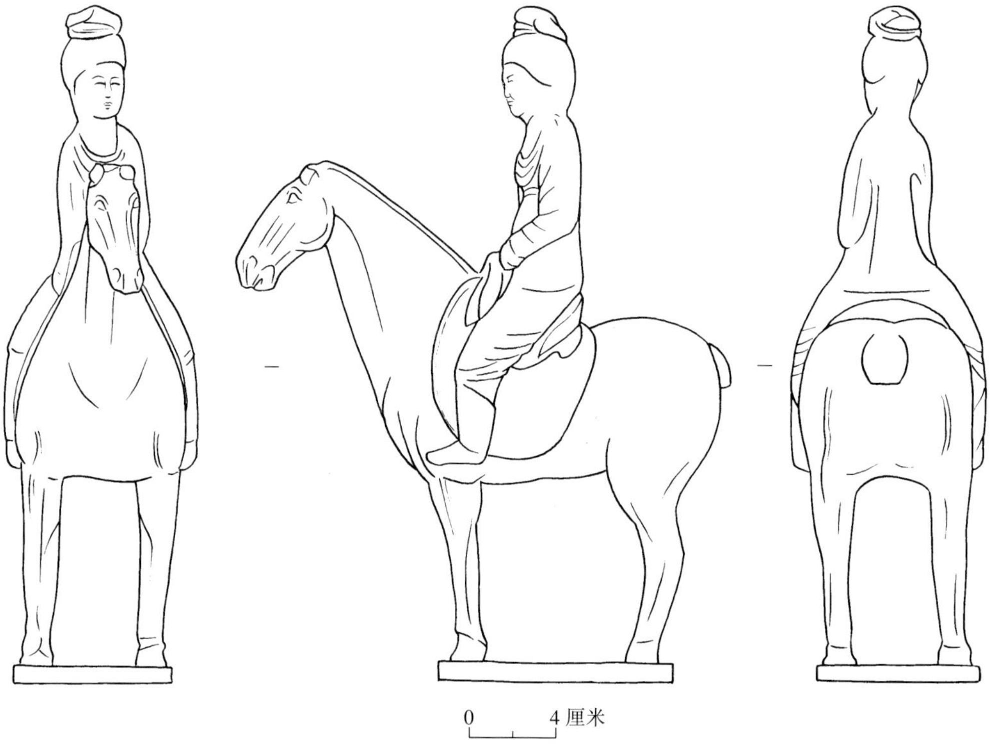

图二四　回鹘髻女骑马俑

XKNM1∶8

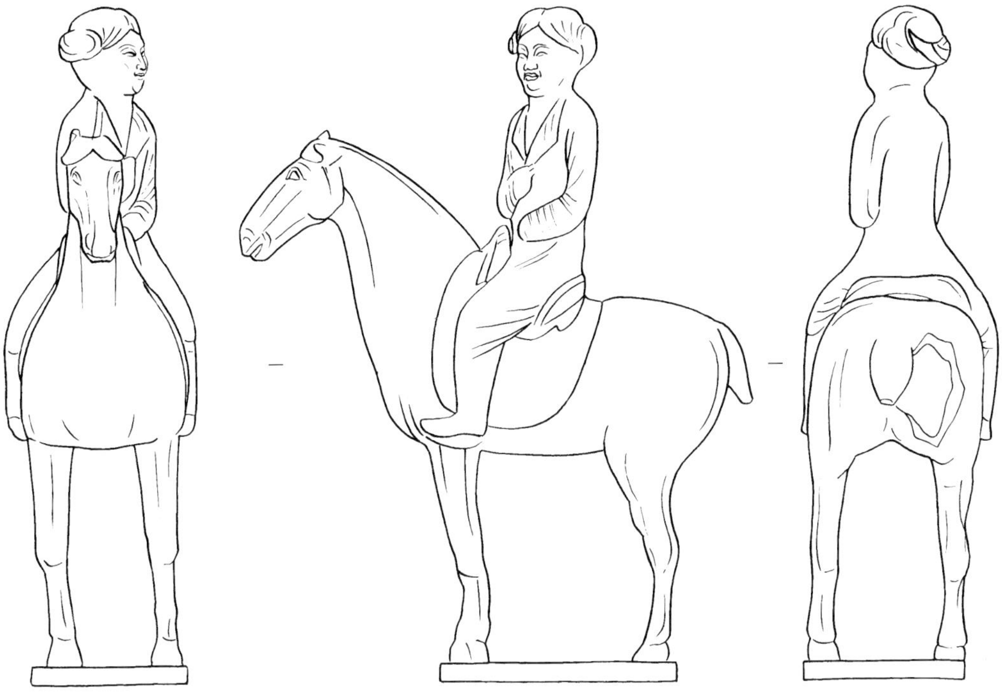

0　　4厘米

图二五　胡人女骑马俑

XKNM1:63

0　　4厘米

图二六　胡人女骑马俑

XKNM1:87

女俑、回鹘髻女俑。

1. 男立俑

共计 42 件。种类有幞头俑和风帽俑。

幞头俑 21 件。身材瘦削挺拔，头部较大。头裹幞头，幞头顶高耸前倾，额前、脑后隐约可见系结的巾脚。丰颐广额，双目微合，直鼻小口，抿嘴，表情恭顺。身着团领直襟窄袖袍，襟口位于身体右前侧，袍长过膝。内衬半臂，肩部可见半臂痕。腰间束带，腹部微微隆起。双手合拱，笼于袖内置腹上。脚蹬靴，站立于方形小踏板之上。

XKNM1∶13（图二七 1；彩版四一），出自东一龛，高 20. 7 厘米。似未施彩绘。

XKNM1∶95（图二七 2；彩版四二），出自东二龛，高 20. 3 厘米。幞头涂黑色，着砖红色袍。俑身合模不正，未修整。

XKNM1∶16（彩版四三 1），出自东一龛，高 20. 6 厘米。通体涂砖红色彩，面部敷白彩。

XKNM1∶46（彩版四三 2），出自西一龛，高 20. 5 厘米。似未施彩绘，面部敷白彩。

风帽俑 21 件。形制、规格完全相同。头戴风帽，帽屋较高，帽帘下垂至肩背。长圆脸，双目圆睁，直鼻厚唇，表情平和。上身着翻领直襟窄袖袍，襟口位于身体右前侧，袍长过膝。腹部微微隆起，腰间系带，背后可见下垂的铊尾。下穿大口裤，裤脚曳地，露出鞋尖。右手握拳置腹上，左手隐于袖中自然下垂。

XKNM1∶42（图二八 1；彩版四四），出自西一龛，高 21. 8 厘米。风帽和袍涂砖红色，裤白色；面部、颈部和领口涂白色。

XKNM1∶94（图二八 2；彩版四五），出自东二龛，高 22. 2 厘米。似未施彩绘。

XKNM1∶62（彩版四六 1），出自东二龛，高 22 厘米。腰胯部稍向左偏，通体涂白彩，唇上点朱。

XKNM1∶170（彩版四六 2），出自西二龛，高 21. 9 厘米。似未施彩绘。头部至肩部合模不正，未修整。

2. 女立俑

共 73 件。

反绾髻女俑 19 件。形制、规格相同。着男装。头梳反绾髻，即将长发分两股，在头顶交叉反绾形成“丫”字形，并于发髻之下系结。圆脸，面目清秀，闭眼抿嘴，表情恭顺。身着团领直襟窄袖袍，襟口位于身体右前侧，袍长过膝。内衬半臂，肩部可见半臂痕。腰间束带，腹部微微隆起。双手合拱，笼于袖内置腹上。脚蹬靴，站立于方形小踏板之上。

XKNM1∶15（图二九 1；彩版四七），出自东一龛，高 20. 6 厘米。似未施彩绘。

XKNM1∶93（图二九 2；彩版四八），出自东二龛，高 20. 1 厘米。似未施彩绘。

XKNM1∶97（图三〇1；彩版四九），出自东二龛，高 20 厘米。袍作砖红色，面部敷白彩。

XKNM1∶25（彩版五〇1），出自东一龛，高 20. 2 厘米。未施彩绘。头部至肩部合模不正，未修整。

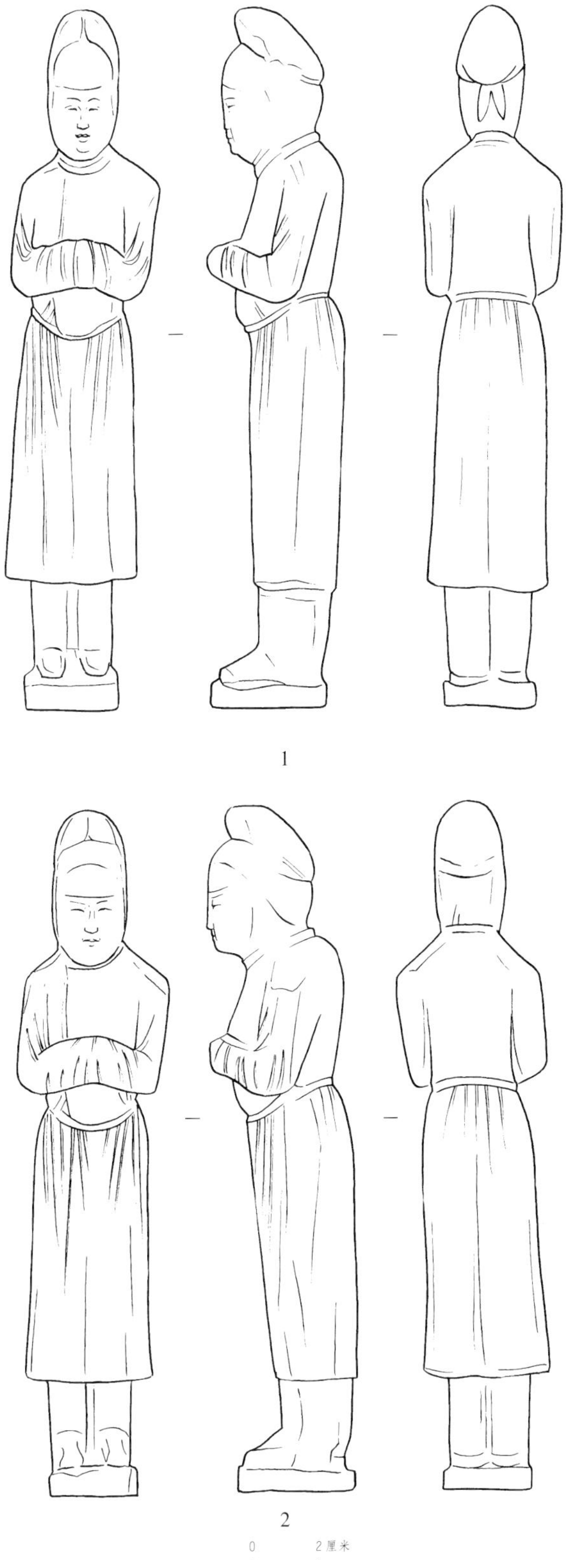

图二七　幞头俑

1. XKNM1∶13　2. XKNM1∶95

1

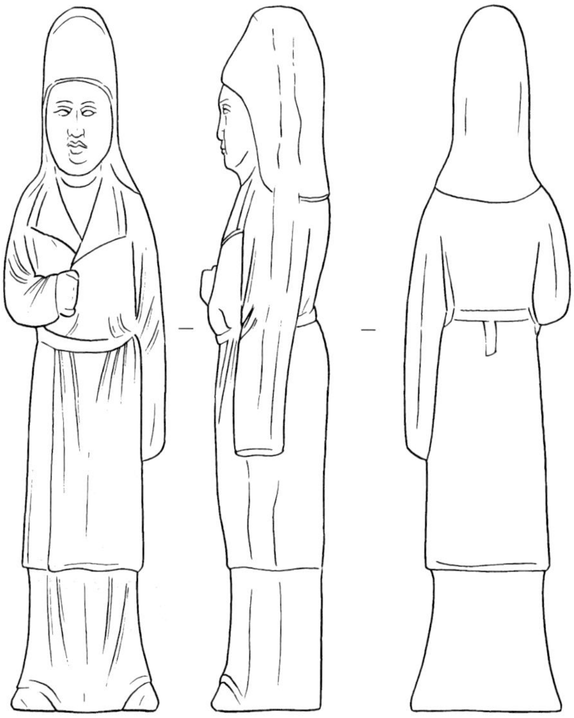

2

0 2厘米

图二八 风帽俑

1. XKNM1∶42 2. XKNM1∶94

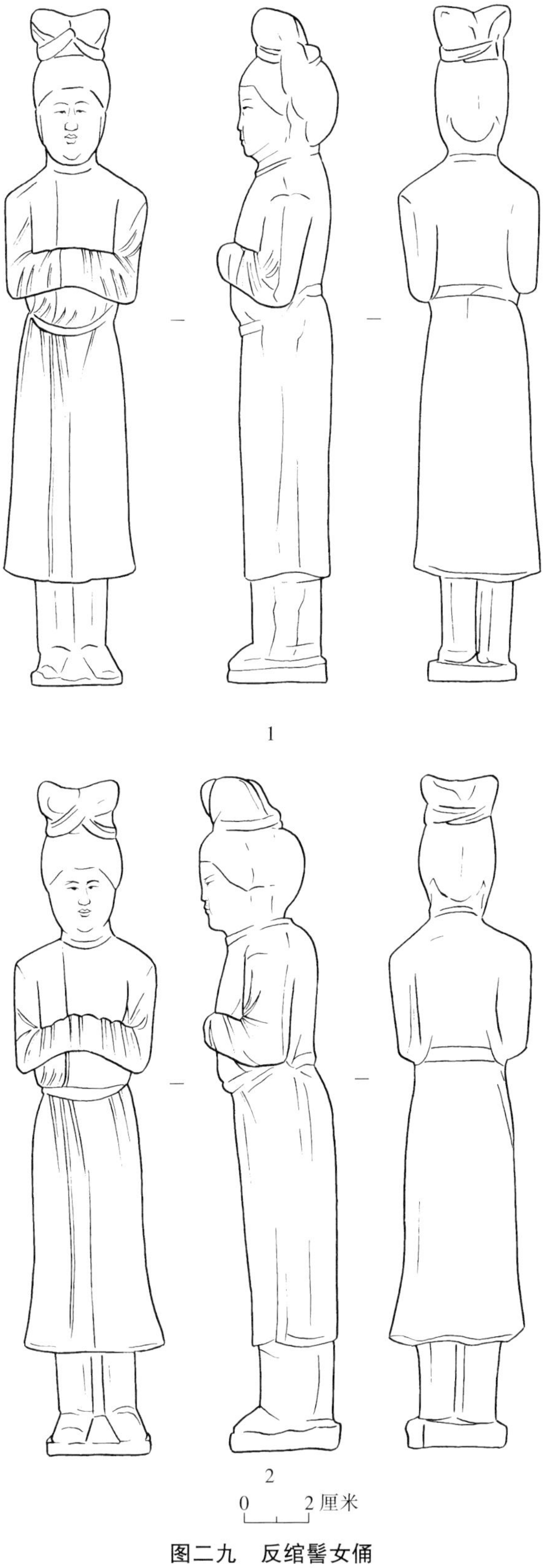

图二九　反绾髻女俑

1. XKNM1∶15　2. XKNM1∶93

图三〇　女立俑

1. 反绾髻女俑 XKNM1：97　2. 回鹘髻女俑 XKNM1：92

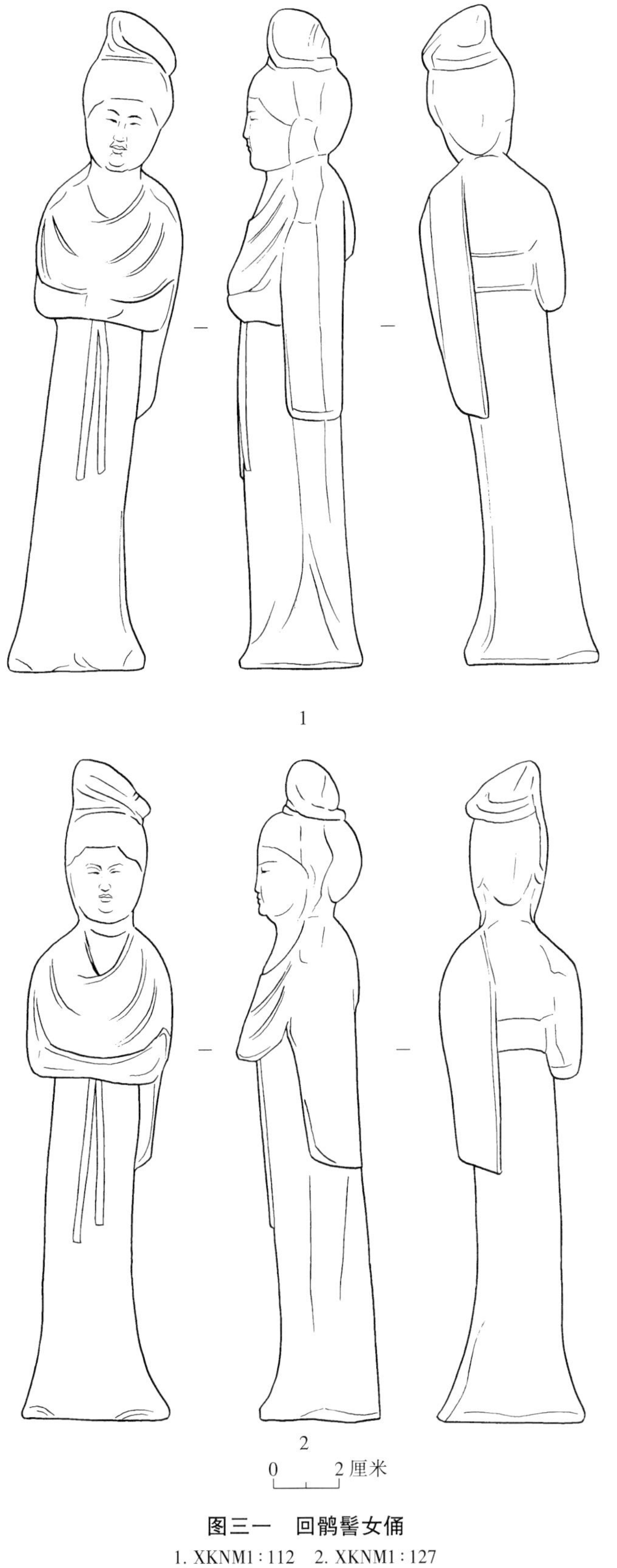

图三一　回鹘髻女俑

1. XKNM1：112　2. XKNM1：127

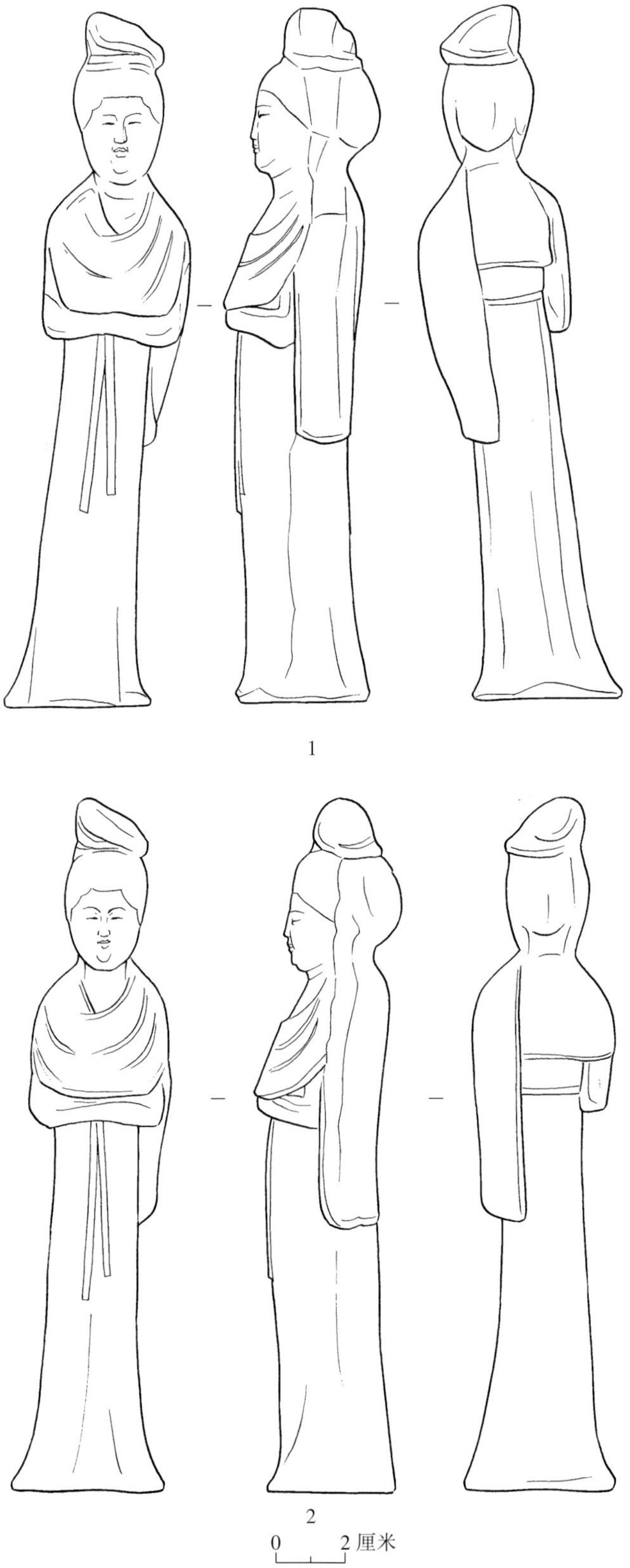

图三二　回鹘髻女俑

1. XKNM1∶131　2. XKNM1∶133

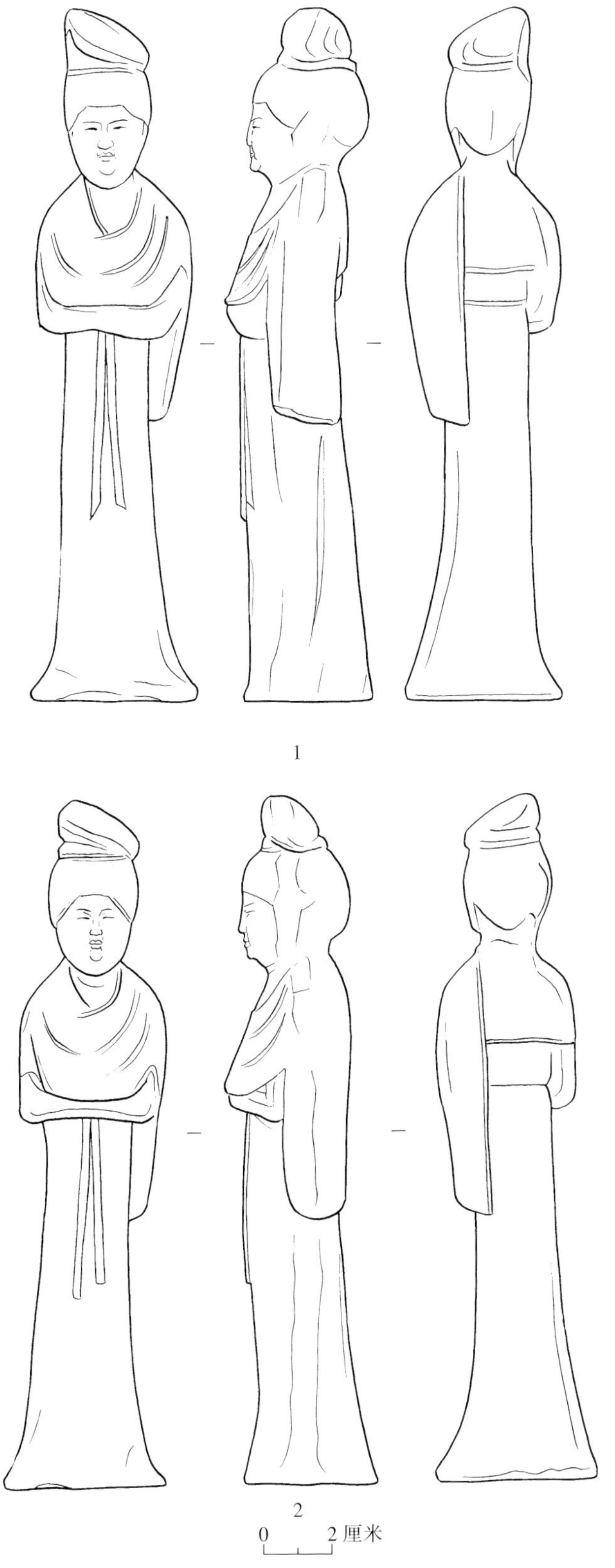

图三三　回鹘髻女俑

1. XKNM1∶157　2. XKNM1∶166

XKNM1∶45（彩版五〇2），出自西一龛，高20厘米。袍作砖红色，面部敷白彩。右股部位有一气泡孔。

回鹘髻女俑 54件。形制、规格相同。头梳回鹘髻，即将长发向上绾成右高左低的发髻，将发尾盘绕于发髻之下。圆脸，面容清秀，闭眼抿嘴，表情恭顺。上身着窄袖襦衫，肩披披帛。披帛完全包裹双肩，一端自然下垂至左肩之后，胸前的披帛多褶并下垂，遮蔽胸部。下身穿曳地长裙。束腰提至胸下，腰带两端较长，垂于体前。双手笼于袖内合抱置腹上。

XKNM1∶92（图三〇2；彩版五一），出自东二龛，高19.2厘米。面部和颈部涂白色。

XKNM1∶112（图三一1；彩版五二），出自西二龛，高19.3厘米。身体微向左倾，似未施彩绘。

XKNM1∶127（图三一2；彩版五三），出自西一龛，高19.6厘米。身体微向左前侧倾斜，似未施彩绘。头部右侧面有明显的切削痕迹。

XKNM1∶131（图三二1；彩版五四），出自西二龛，高19.3厘米。似未施彩绘。胸口残一孔，右臂肘部有修补痕迹。

XKNM1∶133（图三二2；彩版五五），出自西一龛，高19.5厘米。发髻涂黑色，面部、披帛涂白彩，裙作砖红色。

XKNM1∶157（图三三1；彩版五六），出自西二龛，高19.4厘米。通体涂白彩。身体右侧自头至脚都有切削痕迹

XKNM1∶166（图三三2；彩版五七），出自西一龛，高19.6厘米。面部、披帛涂白彩。

3. 小型立俑

共10件。体型较前述陶立俑缩小近一半。8件出自甬道内，位于镇墓武士俑附近，其中5件残损；2件出自西二龛的小型回鹘髻女俑保存完整。小型幞头俑与小型反绾髻女俑头部以下形制相同，因此出自甬道的3件由于上半部残损，无法确定类别。

小型幞头俑 2件。1件完整，另一件仅余头部。

XKNM1∶179（图三四1；彩版五八1），出自甬道，高12.3厘米。头裹黑色幞头。面部在制胎时就有缺陷，但仍旧刻画出五官，唇上点朱。身着团领直襟窄袖袍，襟口位于身体右前侧，袍长过膝。内衬半臂，肩部可见半臂痕。腰间束带，腹部微微隆起。双手合拱，笼于袖内置胸前。脚蹬靴，站立于方形小踏板之上。通体施白彩。

XKNM1∶182（彩版五八2），出自甬道，仅余头部。裹幞头，幞头顶分两瓣，高耸前倾，额前、脑后隐约可见系结的巾脚。长尖脸，以墨线勾绘出眉毛。塌鼻厚唇，抿嘴，露出微笑的表情。整体涂白底色，然后施彩绘。

小型反绾髻女俑 1件。

XKNM1∶176（图三四2；彩版六〇1），出自甬道，高11.4厘米。着男装。头梳反绾髻，即将长发分两股，在头顶交叉反绾形成“丫”字形，并于发髻之下系结。圆脸，五官模糊，闭眼抿嘴，表情恭

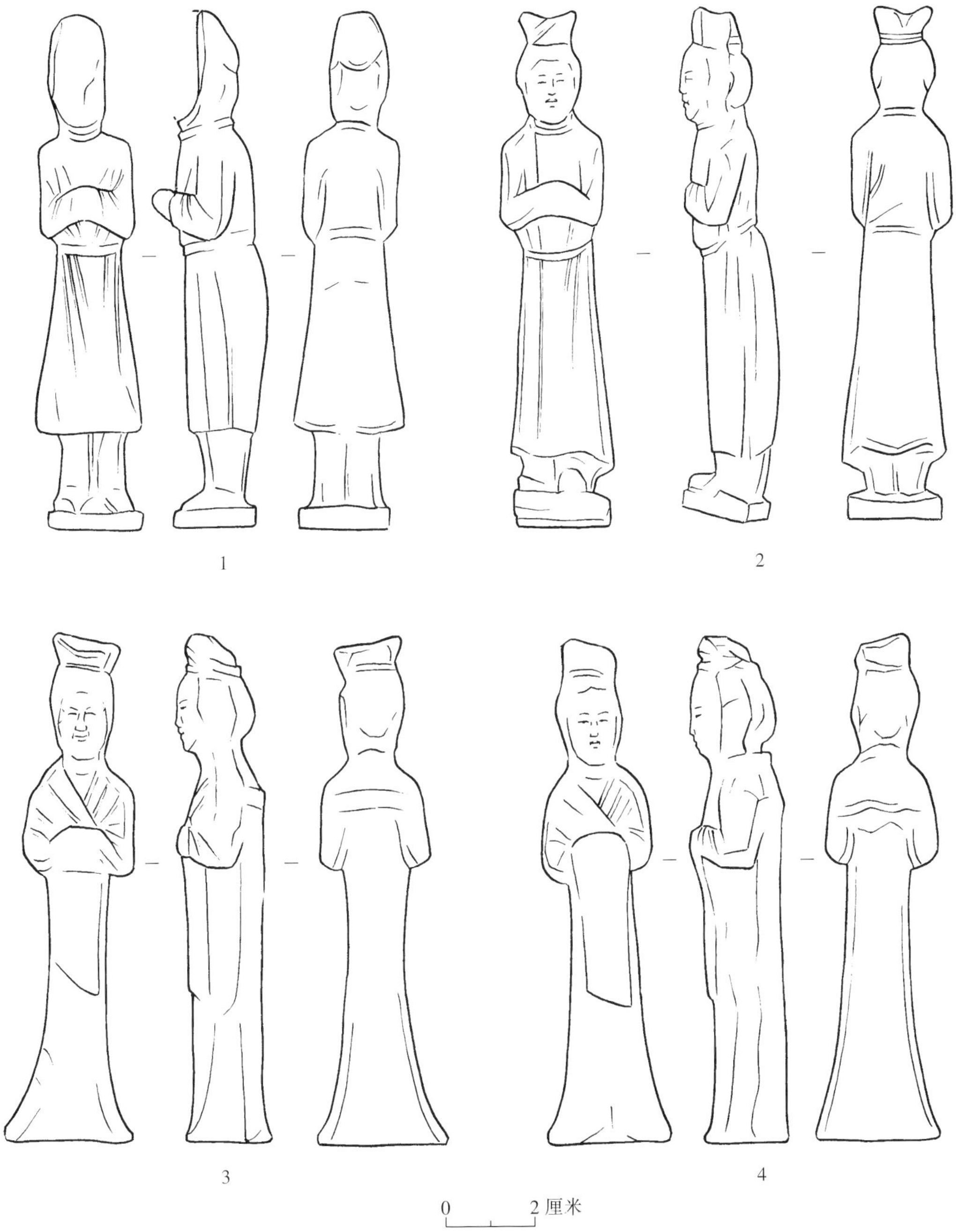

图三四　小型立俑

1. XKNM1：179　2. XKNM1：176　3. XKNM1：108　4. XKNM1：136

顺。身着团领直襟窄袖袍，襟口位于身体右前侧，袍长过膝。内衬半臂，肩部可见半臂痕。腰间束带，腹部微微隆起。双手合拱，笼于袖内置腹上。脚蹬靴，站立于方形小踏板之上。左足和踏板左前部残。整体涂白底色，然后施彩绘。发髻涂黑色，袍作砖红色。

小型回鹘髻女俑　3件。形制、规格相同。头梳回鹘髻，即将长发向上绾成右高左低的发髻，将发尾盘绕于发髻之下。圆脸，面容清秀，闭眼抿嘴，表情恭顺。上身着窄袖襦衫，肩披披帛。披帛完全包裹双肩，交叠覆盖前胸，双手平端后下垂至膝部。下身穿曳地长裙。束腰提至胸下。双手笼于袖内合抱置腹上，被披帛遮盖。

XKNM1∶108（图三四3；彩版五九），出自西二龛龛内中部，高11厘米。身体微左倾，上半身涂白彩，裙作砖红色。身体两侧皆有切削痕迹。

XKNM1∶136（图三四4；彩版六〇2），出自西二龛龛内西侧，高10.8厘米。上半身涂白彩，裙作砖红色。头至肩右侧切削痕迹明显。

第二节　陶动物

共计46件。种类有骆驼、马、牛、羊、猪、狗、鸡等。皆为泥质红陶左右合模制作，烧成后通体施以彩绘。

陶骆驼　2件。全部出自东一龛，形制、规格基本相同。腿皆残断。昂首站立于长方形踏板之上。头顶至后项有鬃毛，背有较尖双驼峰。似未施彩绘。

XKNM1∶78（图三五1；彩版六一1），高22厘米，长19厘米。

XKNM1∶88（图三五2；彩版六一2），长16.1厘米。

陶马　14件。全部出自西一龛，形制、规格相同。涂黑色者5件，涂枣红色4件，涂白色者2件，未施彩绘者3件。昂首站立于长方形踏板之上，头颈稍偏向左侧，无马具。剪鬃，一对小尖耳上竖。短尾呈扁条状自然下垂，尾梢渐尖并翘起。

XKNM1∶34（图三六1；彩版六二），高19.2厘米，长20.8厘米。通体涂黑色。

XKNM1∶32（图三六2；彩版六三），高19.8厘米，长21.1厘米。通体涂枣红色。

XKNM1∶36（图三六3；彩版六四1），高19厘米，长20.3厘米。通体涂白色。

XKNM1∶27（图三七1；彩版六五），高20厘米，长21.2厘米。未施彩绘。

陶牛　1件。XKNM1∶110（图三七2；彩版六四2），高9.5厘米，长16厘米。出自西二龛。站姿，无踏板。黄牛形象，头顶生短角，小尖耳。在头部用墨线勾绘出络头。身躯雄健，四肢粗壮，颈下牛帘下坠。细长尾贴右尻弯曲下垂。未施其他彩绘。

陶羊　8件。1件出自东一龛，其余皆出自东二龛，形制、规格相同。涂黑色者2件，涂白色者3件，未施彩绘者3件。四蹄盘卧于地。无角，颈部短粗，扁平耳下垂于脑后。尾模糊。

XKNM1∶68（图三八1；彩版六六1），出自东二龛。高7.4厘米，残长10.4厘米。吻部残。通体涂黑色。

XKNM1∶84（图三八2；彩版六六2），出自东二龛。高7.6厘米，长11.1厘米。通体涂白色。

XKNM1∶21（图三八3；彩版六六3），出自东一龛。高7.2厘米，长11.5厘米。未施彩绘。

陶猪　7件。形制、规格基本相同。四蹄盘卧于地。长吻，鼻尖上翘。三角眼，细长耳下垂。头

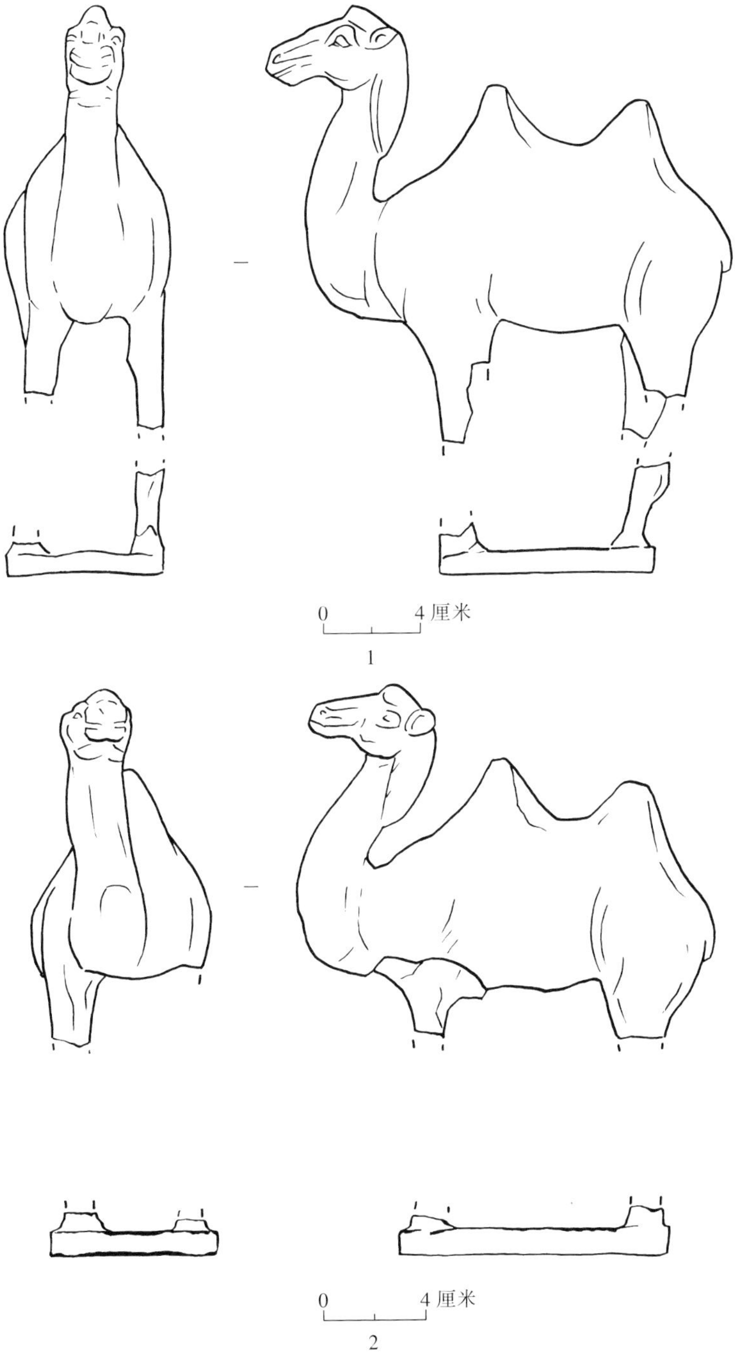

图三五　陶骆驼

1. XKNM1:78　2. XKNM1:88

图三六　陶马

1. XKNM1 : 34　2. XKNM1 : 32　3. XKNM1 : 36

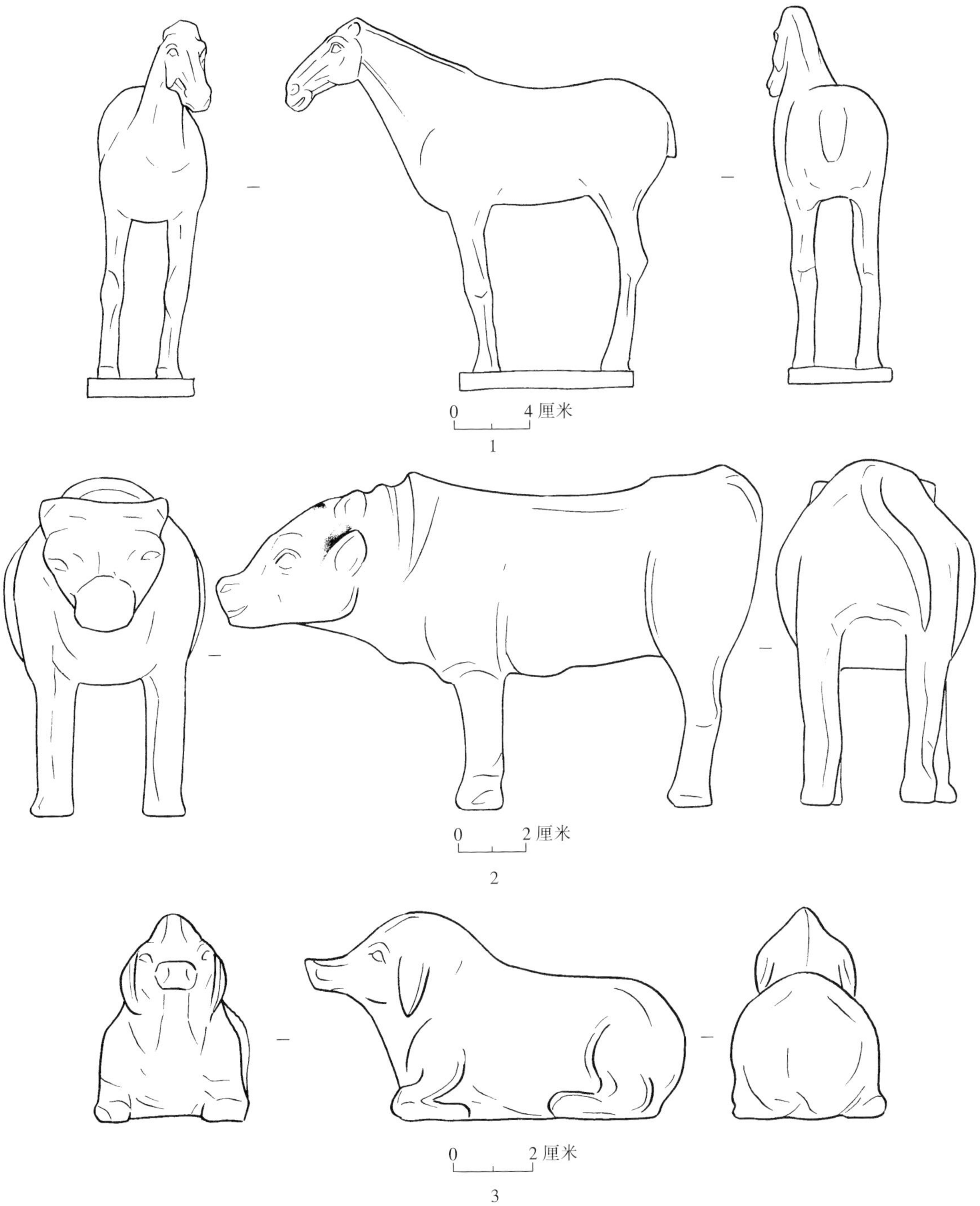

图三七　陶动物

1. 陶马 XKNM1:27　2. 陶牛 XKNM1:110　3. 陶猪 XKNM1:20

顶至后项纵向竖起表示猪鬃。通体涂黑色。

XKNM1:20（图三七 3；彩版六七 1），出自东一龛。高 5 厘米，长 9.3 厘米。

陶狗　10 件。半模制，形制、规格基本相同。其中 5 件体表画黑色斑点，4 件体表画黄色斑点，1 件未施彩绘。狗作侧卧姿，似在酣睡。长尖吻，长耳下垂，面部模糊。细长尾向前卷在身体左侧。

XKNM1:70（图三九 1；彩版六七 2），出自东二龛。高 3.6 厘米，长 10.7 厘米。体表涂黑色斑点。

1

2

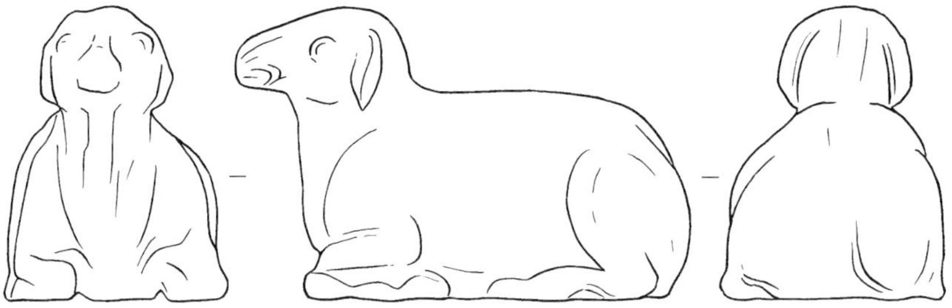

3

图三八　陶羊

1. XKNM1∶68　2. XKNM1∶84　3. XKNM1∶21

XKNM1∶74（图三九2；彩版六八），出自东二龛。高4厘米，长10.8厘米。体表涂黄色斑点。

陶鸡　4件。形制、规格基本相同。涂黑色者1件，涂白色者1件，未施彩绘者2件。站姿。高冠，尖喙，小圆眼。尾羽翘起。模印出翅膀轮廓和羽毛纹路。

XKNM1∶73（图三九3；彩版六九1），出自东二龛。高8.4厘米。未施彩绘。

XKNM1∶23（图三九4；彩版六九2），出自东二龛。冠残，残高7.8厘米。通体涂黑色。

XKNM1∶104（彩版六九3），出自东二龛。高8.2厘米。喙残，通体涂白色。

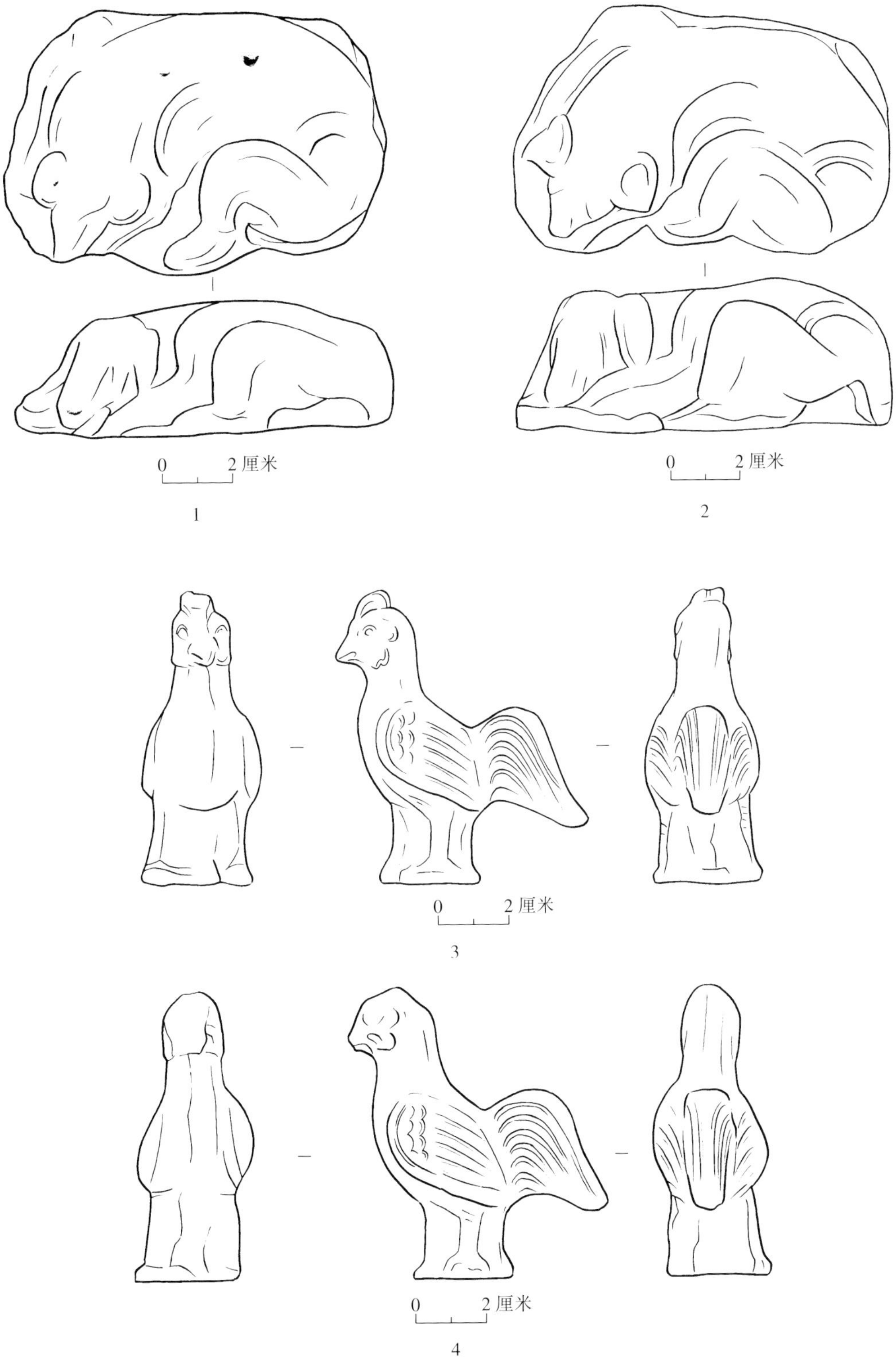

图三九　陶动物

1. 陶狗 XKNM1∶70　2. 陶狗 XKNM1∶74　3. 陶鸡 XKNM1∶73　4. 陶鸡 XKNM1∶23

第三节 其 他

共计5件（组）。种类有陶器、铜币、铁券和墓志。塔式罐出于墓室和甬道内，铁券出土于第五天井底部，是随葬明器；陶盏出土于甬道的扰土内，且有使用痕迹，推测是建筑墓葬、下葬时或“毁墓”时使用的照明灯具；铜币采集于墓室扰土中，难以判断是随葬器物残留还是“毁墓”时的遗物。

1. 陶器

塔式罐 2件。形制、规格相同，球形罐体、带盖、喇叭形底座。泥质灰陶轮制，皆残碎，修复完整。盖纽作塔刹形；罐平口、重唇，束颈，鼓腹，与底座连为一体，罐、座连接的部分作出假沿；喇叭形底座向下外侈，重唇下沿上翻。器表通体施白衣并彩绘。

XKNM1∶177（图四〇1；彩版七〇），出土于墓室东南角东壁砖墙之上的扰土中（彩版二四）。通高58厘米；盖高12.8厘米，外径12.4厘米；罐口径11.6厘米，腹径26.7厘米，底径13.9厘米；座底径29.4厘米。盖纽、罐口唇和座底沿涂砖红色彩；罐肩部以墨线勾绘覆莲；罐身以墨线绘花卉，脱落较甚。

XKNM1∶192（图四〇2；彩版七一），从甬道内采集的残陶片中修复。通高60.6厘米；盖高14.9厘米，外径13.4厘米；罐口径12.4厘米，腹径27.2厘米，底径14厘米；座底径29.8厘米。盖纽、罐口唇、假沿和座底沿涂砖红色彩；其余彩绘完全脱落。

陶盏 1件。XKNM1∶193（图四〇2；彩版七二1），出土于甬道内的扰土中。泥质灰陶轮制，残余三分之一，口沿上留有黑色的烟炱。侈口，圆唇，腹斜收，平底假圈足。高3.1厘米，口径10.8厘米，底径3.9厘米。

2. 铜币

开元通宝 1枚。采集于墓室扰土中。XKNM1∶191（图四〇3；彩版七二2），圆形方孔，稍有扭曲，砂眼较多。钱文不甚清晰，读序为先上后下、次右后左。“元”字下横画左端上挑。背孔上方有一云状纹。直径2.56厘米，厚1.76毫米，重4.04克。

3. 铁器

铁券 2枚。出土于第五天井底部南侧，即甬道南口外地面上。形制、规格相同，锈蚀严重。整体呈楔形，顶部有楔形銎，出土时銎内还遗留有木材。

XKNM1∶185，高19.6厘米，宽22.8厘米，厚2厘米，銎深4.2厘米（图四一1；彩版八2）。

XKNM1∶186，高19厘米，宽23.2厘米，厚2厘米，銎深4.6厘米（图四一2；彩版八3）。

4. 墓志

青石墓志 1合。见第四章。

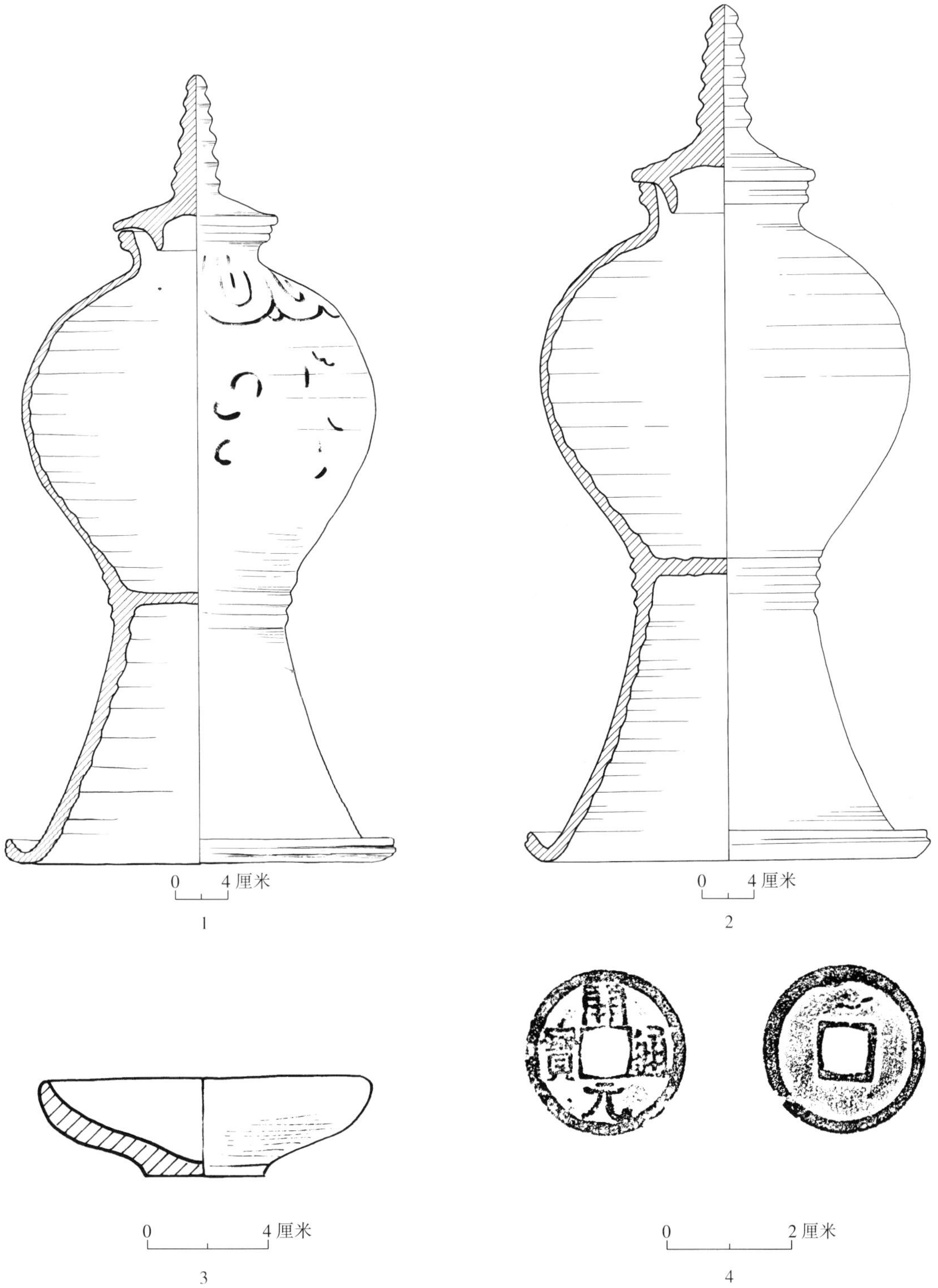

图四〇　陶器和铜币

1. 塔式罐 XKNM1∶177　2. 塔式罐 XKNM1∶192　3. 陶盏 XKNM1∶193　4. 铜币 XKNM1∶191

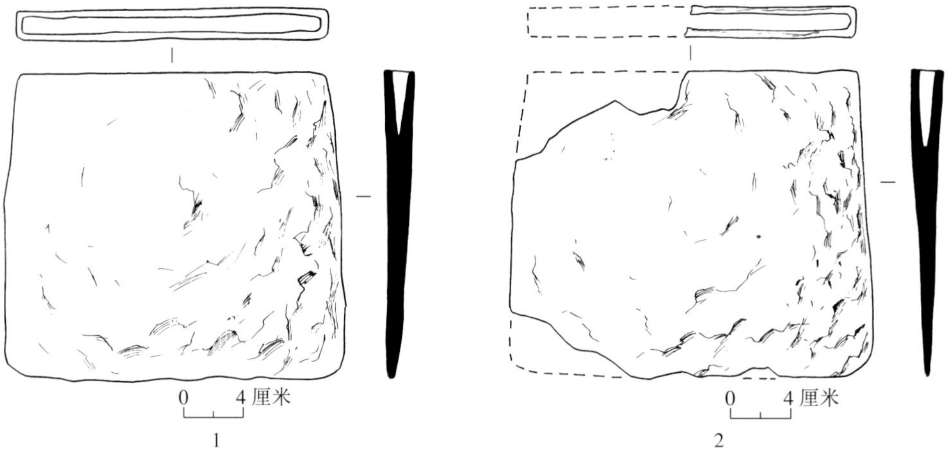

图四一 第五天井底部出土铁券

1. XKNM1∶185 2. XKNM1∶186

第四章　墓　志

唐昭容上官氏墓志（XKNM1∶174），盖、志各一，合为一合。出土于甬道正中，出土时志盖覆于志石之上，稍有错位，上首皆朝北，未被扰动（彩版二一2）。唐昭容上官氏墓考古发现最重要的出土文物就是这合墓志。为了回应社会的关注，我们在发掘工作结束仅仅三个月后，就于当年第6期的《考古与文物》杂志上发表了墓志拓本和文字内容，并作了初步考证（附录二）。

第一节　墓志形制

墓志青石质，正方形。其纹理细腻，色泽青黑，适宜于雕刻和打磨。

志盖盝顶，高75厘米，广73厘米，厚12.5厘米。右侧面上部损泐。顶面正中划双线方格，阴刻篆书"大唐故昭容上官氏铭"，三行，行三字。顶面四周减地线刻牡丹纹带，四刹在整体联珠纹框内各减地线刻瑞兽一对，四侧减地线刻对置的花卉（图四二；彩版七三1）。

墓志盖底面凿平，加工方法为：先划出宽4.8厘米的周框，以细密的纵向线条凿平；中部划对角线，分别由底边向中心纵向凿平（彩版七三2）。

志石高、广皆74厘米，厚15.5厘米。划细线棋格，阴刻正书32行，满行33字，共计982字。末行空白。志石四侧在整体联珠纹框内减地线刻十二生肖，衬以缠枝忍冬（图四三；彩版七四1）。

墓志底面凿平工序与盖相同，加工较为粗率（彩版七四2）。

第二节　墓志线刻画

志盖四刹和志石四侧的线刻图案造型优美、錾刻精细，在唐代墓志线刻装饰图案中属难得的上乘之作。

唐代墓志线刻画的题材较为统一，墓志盖四刹无非为四神、祥禽瑞兽或花卉，墓志四侧则为十二

图四二　唐昭容上官氏墓志盖线摹图

生肖、花卉或如意云纹。四神和十二生肖配合较多，武周至玄宗朝的高等级墓志多数采用祥禽瑞兽搭配十二生肖，唐昭容上官氏墓志线刻画即为一例。

一、墓志盖线刻画

墓志盖顶面四周与四侧纹饰相同，皆为减地线刻牡丹纹带。牡丹纹带作抽象连续图案，桃形花瓣

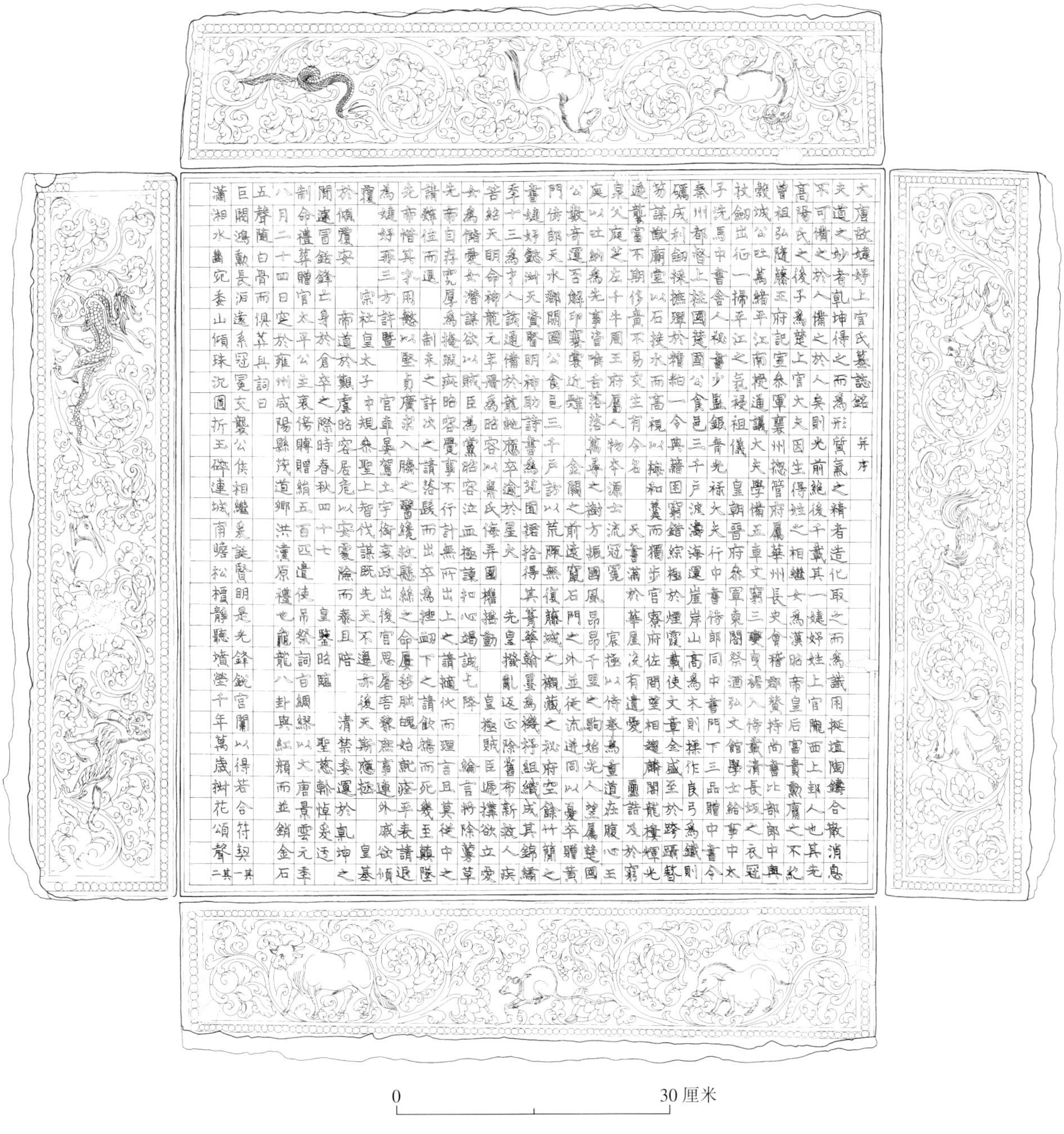

图四三　唐昭容上官氏墓志线摹图

两层堆叠，一上一下连续配置（图四二；彩版七三1）。

墓志盖四刹在整体联珠纹框内各减地线刻瑞兽一对，以牡丹花结为中心相对腾跃，底衬卷草纹饰。瑞兽的形象特征统一为体表有斑纹，扫帚尾。

下刹面瑞兽形似虎，脑后至项上长鬣飘拂。张口嘶吼，颌下生短须。四肢粗壮，齿爪尖利（图四四1；彩版七五1）。

左刹面瑞兽形似马，头顶生角，脑后至项上长鬣飘拂，肩部附有绶带形小翼。张口嘶鸣，躯体壮硕，四肢细长，蹄单瓣。四蹄腾空作奔腾跳跃姿态（图四四2；彩版七五2）。

上刹面瑞兽形似虎，头顶无角，脑后至项上长鬣飘拂。张口嘶吼，颌下生短须。四肢粗壮，齿爪尖利（图四四3；彩版七五3）。

右刹面瑞兽形似鹿，头顶弯角分叉，无鬣，肩部附有弯卷的绶带形小翼。张口嘶鸣，上唇较长。躯体矫健，四肢细长，蹄分两瓣。四蹄腾空作奔腾跳跃姿态（图四四4；彩版七五4）。

二、墓志四侧线刻画

墓志四侧在整体联珠纹框内减地线刻十二生肖，衬以缠枝忍冬。生肖皆为动物形象，身体朝向左侧，动态捕捉准确，生动写实。鼠和兔的机敏灵动，虎和龙的从容威严，马和羊的优雅雍容，蛇的邪恶恐怖，猴和猪的憨态可掬，跃然石上，无不体现着设计者的匠心和对生活的细致观察。

十二生肖皆向左侧，按照子午方向在墓志四侧以顺时针旋转——墓志下侧中间为子鼠，上侧中间为午马。

墓志下侧面正中的鼠，弓背作欲跳跃姿态。体型小巧。长尖吻，小圆眼，双耳竖起。蜷曲的躯干刻画出长毛。细长尾拖曳（图四五1；彩版七六1）。

墓志下侧面左侧的牛，作行走姿态。头顶生一对短尖角，小圆眼，小尖耳向左右分开，似在扇动。颈下牛帘下坠，身躯雄健，四肢有力，蹄分两瓣。长尾下垂，尾尖呈扫帚状（图四五1；彩版七六1）。

墓志左侧面右侧的虎，作行走姿态。头部硕大浑圆，头颈部两侧生浓密的鬣，额上刻一“王”字，咧嘴露出獠牙。身躯和后腿刻画出条状波浪斑纹，脚趾露出尖利的长爪。长尾向后平伸，尾尖上卷（图四五2；彩版七六2）。

墓志左侧面正中的兔，弓背作趴卧警觉姿态。长耳向后，圆眼中刻画出瞳孔。上唇分两瓣，唇边生须。小短尾上卷（图四五2；彩版七六2）。

墓志左侧面左侧的龙，作行走姿态。长吻，张口吐舌。头顶生分叉的双角，脑后长鬣飘拂。颈向后弯曲，颈上戴“X”纹饰的箍，饰一摩尼珠。项上、躯干、后腿和尾巴上满布鱼鳞状鳞片，腹部刻横向条纹。双肩生一对火焰状小翼，尻上饰一摩尼珠。长腿，脚趾三分，上有长尖爪。细长尾向后平伸（图四五2；彩版七六2）。

墓志上侧面右侧的蛇，作盘屈前进姿态。三角形头，圆眼，口大张，吐出细长的信子。曲颈，上身抬起，仿佛在发出攻击警告。躯干盘卷成一个环，长尾向后伸展，尾稍渐尖并上卷。躯体上部刻网格状鳞片，腹部刻横向条纹（图四五3；彩版七六3）。

墓志上侧面正中的马，作小跑姿态。微颔首，圆眼，小尖耳竖起。脖颈粗壮，项上有长鬃毛。体态雄健，四肢有力。右前蹄抬起回勾，右后蹄亦稍抬起，似在颠跑。长尾松散下垂（图四五3；彩版七六3）。

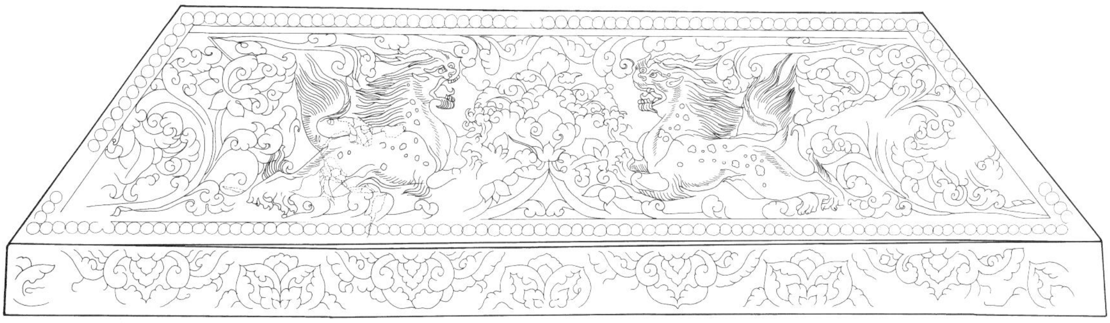

1

2

3

4

0　　30厘米

图四四　唐昭容上官氏墓志盖四刹线刻画摹本

1. 墓志盖下刹线刻画　2. 墓志盖左刹线刻画　3. 墓志盖上刹线刻画　4. 墓志盖右刹线刻画

1

2

3

4

0　30厘米

图四五　唐昭容上官氏墓志四侧线刻画摹本

1. 墓志下侧线刻画　2. 墓志左侧线刻画　3. 墓志上侧线刻画　4. 墓志右侧线刻画

图四六　唐昭容上官氏墓志盖拓本

墓志上侧面左侧的羊，作小跑姿态。微颔首，头顶生一对盘卷的长角，长尖耳向后。脖颈短粗，身躯肥硕。胸前、腹下、尻后皆刻画出长毛。四肢颀长，蹄分双瓣。右前蹄抬起，右后蹄亦稍抬起，似在颠跑。短尾上翘（图四五 3；彩版七六 3）。

墓志右侧面右侧的猴，作直立行走姿态。面向左侧，光头，圆眼，鼻头特大，大圆耳竖起。左手向前，拄着一枝“丁”字形拐杖；右手握一桃，置鼻尖嗅。左脚向前，右脚在后，作行走状。细长尾向后伸展，尾端作扫帚状（图四五 4；彩版七六 4）。

墓志右侧面正中的鸡，作站立回望姿态。雄鸡，头向右侧回望。头顶生高耸的鸡冠，尖喙，下颌

图四七　唐昭容上官氏墓志拓本

有髯。颈部覆盖长羽。翅收起，刻画出羽毛。右爪站立，左爪收起。长尾羽翘起（图四五 4；彩版七六 4）。

墓志右侧面左侧的犬，作行走回望姿态。长尖吻，小耳，头部右转回望。阔胸蜂腰，四肢颀长，作漫步状。细长尾下垂，尾端卷起（图四五 4；彩版七六 4）。

墓志下侧面右侧的猪，作站立姿态。母猪。颔首，长吻，猪拱上可见两鼻孔，咧嘴露出长獠牙。扇风小耳，头顶至后项刻画出鬃毛。大腹便便，腹部刻画出双排共八只乳头。短腿，蹄分两瓣。细长尾下垂打卷（图四五 1；彩版七六 1）。

第二节　墓志文

墓志文全文32行，满行33字，共计982字。为方便对照阅读，现将墓志文使用通行繁体字转录并标点如次（/表示转行，敬称平阙等皆空一格，〔〕内为异体字之正字）：

大唐故婕妤上官氏墓誌銘　并序　/

夫道之妙者，乾坤得之而為形質；氣之精者，造化取之而為識用。挺埴陶鑄，合散消息，/不可備之於人，備之於人矣，則光前絶後，千載其一。婕妤姓上官，隴西上邽人也。其先/高陽氏之後。子為楚上官大夫，因生得姓之相繼；女為漢昭帝皇后，富貴勳庸之不絶。/曾祖弘，隨〔隋〕藤〔滕〕王府記室参軍、襄州總管府属、華州長史、會稽郡贊持、尚書比部郎中，與/穀城公吐萬緒平江南，授通議大夫。學備五車，文窮三變。曳裾入侍，載清長阪之衣冠；/杖劍出征，一掃平江之氛祲。祖儀，　皇朝晉府参軍、東閣祭酒、弘文館學士、給事中、太/子洗馬、中書舍人、秘書少監、銀青光禄大夫行中書侍郎、同中書門下三品，贈中書令、/秦州都督、上柱國、楚國公、食邑三千户。波濤海運，崖岸山高。為木則揉作良弓，為鐵則/礪成利劍。采摭殫於糟粕，一令典籍困窮；錯綜極於煙霞，載使文章全盛。至於跨躡簪/笏，謀猷廟堂，以石投水而高視，以梅和羹而獨步。官寮府佐，問望相趨；麟閣龍樓，輝光/遞襲。富不期侈，貴不易交。生有令名，　天書滿於華屋；没有遺愛，　璽誥及於窮/泉。父庭芝，左千牛、周王府屬。人物本源，士流冠冕。　宸極以侍奉為重，道在腹心；王/庭以吐納為先，事資喉舌。落落萬尋之樹，方振國風；昂昂千里之駒，始光人望。属楚國/公數奇運否，解印褰裳，近辭　金闕之前，遠竄石門之外，並從流迸，同以憂卒。贈黄/門侍郎、天水郡開國公、食邑三千户。訪以荒陬，無復藤城之槨；藏之秘〔秘〕府，空餘竹簡之/書。婕妤懿淑天資，賢明神助。詩書為苑囿，捃拾得其菁華；翰墨為機杼，組織成其錦繡。/年十三為才人，該通備於龍蛇，應卒逾於星火。　先皇撥亂返正，除舊布新，救人疾/苦，紹天明命。神龍元年，冊為昭容。以韋氏侮弄國權，摇動　皇極。賊臣遞構，欲立愛/女為儲；愛女潛謀，欲以賊臣為黨。昭容泣血極諫，扣心竭誠，乞降　綸言，將除蔓草。/先帝自存寬厚，為掩瑕疵。昭容覺事不行，計無所出。上之，請擿伏而理，言且莫從；中之，/請辭位而退，　制未之許；次之，請落髮而出，卒為挫衄；下之，請飲鴆而死，幾至顛墜。/先帝惜其才用，慜以堅貞，廣求入腠之醫，纔救懸絲之命，屢移朏魄，始就痊平。表請退/為婕妤，再三方許。暨　宫車晏駕，土宇銜哀。政出後宫，思屠害黎庶；事連外戚，欲傾/覆　宗社。皇太子沖規参聖，上智伐謀，既先天不違，亦後天斯應，拯　皇基/於傾覆，安　帝道於艱虞。昭容居危以安，處險而泰。且陪　清禁，委運於乾坤之/間；遽冒鋩鋒，亡身於倉卒之際。時春秋四十七。

皇鑒昭臨，　聖慈軫悼，爰迁　/制命，禮葬贈官。太平公主哀傷，賻贈絹五百匹，遣使吊祭，詞旨綢繆。以大唐景雲元年/八月二十四日，窆於雍州咸陽縣茂道鄉洪瀆原，禮也。龜龍八卦，與紅顏而並銷；金石/五聲，随白骨而俱葬。其詞曰：　/

巨閥鴻勳，長源遠系，冠冕交襲，公侯相繼。爰誕賢明，是光鋒鋭，宮闈以得，若合符契。其一。/瀟湘水斷，宛委山傾，珠沉圓折，玉碎連城。甫瞻松櫝，静聽墳塋，千年萬歲，椒花頌聲。其二。/

第四节　墓志文详释

《大唐故婕妤上官氏墓志铭并序》（以下简称“墓志文”）是一篇典型的唐代墓志，其结构可分为三部分：首题、序文和铭辞，也恰好就是墓志文行款的三个段落。以下逐字句注释。

墓志文首题“大唐故婕妤上官氏墓誌銘并序”。实际上对于墓志文这种固定格式的文体来说，最重要的是以韵文作为表现形式的铭辞，也就是所谓“墓志铭”。铭辞之前、首题之后的大段文章就是所谓“序”。志主的一切具体信息都来自序文。

婕妤，唐代女官，后宫置婕妤九人，正三品。按照后文的描述，上官氏是从才人直接晋升为昭容的，在政治斗争中为了表明姿态曾“表请退为婕妤”。死后“礼葬赠官”，所赠之官，应该就是本职昭容。

关于此篇墓志文没有撰者署名，我们认为这是常见现象，不足为奇。有学者提出观点：“以上官昭容之身份和文名，墓志却不署撰者，加上不出色的文笔，使我们可以推断这篇墓志撰写者绝无可能是当时的高层文士。”① 按，此墓出于唐朝廷有司依皇帝制书安排，墓志当然也是由“掌撰碑志、祝文、祭文”的朝廷官员撰写。也许是撰者为了避免卷入政治旋涡而有意为之，所以不署名也在情理之中。

婕妤姓上官，隴西上邽人也。其先高陽氏之後。子爲楚上官大夫，因生得姓之相繼；女爲漢昭帝皇后，富貴勛庸之不絶。首先，墓志文只说志主姓上官，而未记其名。上官昭容在《旧唐书》卷五一、《新唐书》卷七十六有传，两《唐书》本传皆曰名“婉儿”。唐代的正式文书中始终以“上官昭容”称之，该墓志系唐代第一手官方资料，不名，因此我们也只称志主为上官昭容。当然，直呼其上官婉儿也不妨。

所谓高阳氏，即上古传说中五帝之一的颛顼。《史记》卷四十《楚世家》：“楚之先祖出自帝颛顼高阳。高阳者，黄帝之孙，昌意之子也。”上官氏在唐代并非显姓，但是出过一任宰相，就是上官昭容

① 陆扬：《上官婉儿和她的制作者》，《东方早报》2014 年 3 月 30 日。

的祖父上官仪。《新唐书》卷七十三《宰相世系表》对上官氏的姓源表述如下[①]：

上官氏出自芈姓。楚王子兰为上官大夫，以族为氏。汉徙大姓以实关中，上官氏徙陇西上邽。汉有右将军安阳侯桀，生安，车骑将军、桑乐侯，以反伏诛。遗腹子期，裔孙胜，蜀太尉。二子：曰茂、曰先。先徙东郡，后徙陕郡。五世孙回。至弘为江都总监，又徙扬州。

这段话正好用来注解上述墓志文。实际上墓志文和《新唐书》很有可能用的是同一种材料。

陇西上邽是上官氏的第一郡望，所以墓志文称上官昭容为“陇西上邽人”。据《元和姓纂》，上官氏郡望有三——天水、京兆、东郡。陇西上邽即唐代的天水郡。2004 年，西安南郊高阳原隋唐墓地曾发掘出土天宝六载（747 年）《唐韩敬峤妻王氏墓志》[②]，撰文者署名上官经野，结衔为“右千牛中郎、天水郡开国公”。上官经野为上官昭容叔父上官庭璋之子。唐代以郡望与封爵相同为尊荣，从上官经野封爵“天水郡开国公”，就能说明上官氏本族对郡望的承认。

但郡望与我们当代所说的籍贯或出生地是两个概念。两《唐书》上官仪本传皆曰：“上官仪，本陕州陕人也。”也就是说，上官仪很可能是出生在陕州陕县的，这也能与《宰相世系表》的记载相对应。

《元和姓纂》卷七上官氏条全文如下[③]：

楚怀王子兰为上官邑大夫，因氏焉。秦灭楚，徙陇西之上邽。汉右将军、安阳侯桀，生安，桑乐侯，女为昭帝皇后，拜车骑将军，以反诛。裔孙胜。

【天水】蜀太尉上官胜，胜二子，曰茂，曰先。茂〔先〕徙居东郡。

【京兆】上官茂裔孙霁，后魏藁城公，生思慎。思慎生昇，后周秦州刺史；生政，隋西（平）郡太守，义清人〔公〕。政生怀仁，唐右武（候）将军、舒州刺史。政少师（有脱文）裕，安州刺史、安义，生翼伯。翼伯生义同。义同生宗素。宗素生式。

【东郡】上官先元〔玄〕孙迴，后周定襄太守。孙弘，隋比部郎中、江都总监，因居扬州；生仪，西台侍中、平章事，二子庭芝、庭璋。庭芝，周王府属，生怡〔昭〕容。庭璋，太子仆射，生经野、经国、经纬。经纬生诏，侍御史。

与《宰相世系表》对照，就可以清楚地看出上官仪一支的上官氏总的迁徙路线是：三国末年到西晋初年从天水徙居东郡；在隋代以前的不确定的时间又从东郡徙居陕县。按陇西上邽即今甘肃天水，汉代东郡即今河南濮阳，陕州陕县即今河南陕县。可以明确的是，《元和姓纂》将上官仪一支著籍东郡。

① 〔宋〕欧阳修、宋祁撰：《新唐书》，中华书局，1975 年，页 2943。

② 《唐韩敬峤妻王氏墓志》，陕西省考古研究院编：《长安高阳原新出土隋唐墓志》，文物出版社，2016 年，页 191 ~ 192。

③ 〔唐〕林宝撰、岑仲勉校记：《元和姓纂》，中华书局，1994 年，页 1082 ~ 1084。方括号内为编者据岑校所改本字或脱字，下同。

以上是志主上官昭容的郡望。在唐代，上官氏的最大郡望是陇西上邽，也就是天水；上官仪出生在陕州陕县，籍贯是东郡；上官昭容出生在长安，籍贯与郡望合并，自称为“陇西上邽人”。

曾祖弘，随〔隋〕藤〔滕〕王府記室參軍、襄州總管府属、華州長史、會稽郡贊持、尚書比部郎中，與穀城公吐萬緒平江南，授通議大夫。此段文字较为详细地叙述了上官昭容的曾祖上官弘在隋代的历官。

唐代墓志中，隋朝的“隋”字真正写作“隋”的极少，大多数写作“随”，也有些与此墓志一样写作“随”的。隋藤王即滕王杨瓒，隋文帝杨坚母弟，《隋书》卷四十四有传。王府记室参军，系王府中级官吏。

赞持即赞治，唐人避高宗讳改治为持。隋代赞治为郡之长贰，在郡仅次于太守，例同一州之长史。吐万绪，《隋书》卷六十五有传，代郡鲜卑人，隋封谷城郡公，领行军总管参与平陈。上官弘跟随吐万绪平江南，授通议大夫

學備五車，文窮三變。曳裾入侍，載清長阪之衣冠；杖劍出征，一掃平江之氛祲。前一句是说上官弘入仕为隋滕王杨瓒记室参军；后一句是说追随谷城郡公吐万绪参加平陈的战争。《旧唐书》卷八十《上官仪传》提及“父弘，隋江都宫副监，因家于江都。大业末，弘为将军陈稜所杀”。

祖儀，皇朝晉府參軍、東閣祭酒、弘文館學士、給事中、太子洗馬、中書舍人、秘書少監、銀青光禄大夫行中書侍郎、同中書門下三品，贈中書令、秦州都督、上柱國、楚國公、食邑三千户。此段详细列举了上官仪的历官，包括职事、散阶、勋官、赠官多达十二种，多与本传相同。《旧唐书》卷八十《上官仪传》①：

> 上官仪，本陕州陕人也。父弘，隋江都宫副监，因家于江都。大业末，弘为将军陈稜所杀，仪时幼，藏匿获免。因私度为沙门，游情释典，尤精《三论》，兼涉猎经史，善属文。贞观初，杨仁恭为都督，深礼待之。举进士。太宗闻其名，召授弘文馆直学士，累迁秘书郎。时太宗雅好属文，每遣仪视草，又多令继和，凡有宴集，仪尝预焉。俄又预撰《晋书》成，转起居郎，加级赐帛。高宗嗣位，迁秘书少监。龙朔二年，加银青光禄大夫、西台侍郎、同东西台三品，兼弘文馆学士如故。本以词彩自达，工于五言诗，好以绮错婉媚为本。仪既贵显，故当时多有效其体者，时人谓为上官体。仪颇恃才任势，故为当代所嫉。麟德元年，宦者王伏胜与梁王忠抵罪，许敬宗乃构仪与忠通谋，遂下狱而死，家口籍没。
>
> 子庭芝，历位周王府属，与仪俱被杀。庭芝有女，中宗时为昭容，每侍帝草制诰，以故追赠仪为中书令、秦州都督、楚国公，庭芝黄门侍郎、岐州刺史、天水郡公，仍令以礼改葬。

根据本传记载，上官仪在其父被杀时因年幼而藏匿获免。为保命私度为沙门，并精研佛典，擅长

① 〔宋〕欧阳修、宋祁撰：《新唐书》，中华书局，1975年，页2743～2744。

写作。贞观初年考取进士，被太宗召授弘文馆直学士而入仕。上官仪在太宗朝担任的官职有：

晋府参军，从八品上阶。所谓晋府，即晋王府。唐高宗李治晋位太子之前的封爵为晋王。参军为府内的低级官吏，负责伺候主人出行。东阁祭酒，王府官，从七品上阶。掌礼贤良，导宾客，就是晋王府的接待员。

弘文馆学士，门下省官员，以他官员代领，五品以上曰学士，五品以下曰直学士。掌校图籍，授生徒，为朝廷制度沿革和礼仪提供咨询。给事中，门下省官员，正五品上阶。

太子洗马，东宫左春坊司经局属官，从五品下阶，掌东宫经籍，出入侍从。上官仪任此职时的太子就是李治，说明至此已与李治的关系较为亲密。

中书舍人，中书省官员，正五品上阶，掌侍进奏，参议表章，起草制敕册命。

上官仪在高宗即位前即已担任中央决策机关的中级官员，因系高宗旧臣，在高宗朝更是青云直上，掌管朝廷机要，直至升任宰相。高宗朝担任的官职有：

秘书少监，秘书省副长官，从四品上阶，辅助秘书监掌经籍图书之事，即管理国家档案馆和图书馆。秘书省有著作局，其著作郎“掌撰碑志、祝文、祭文”，也就是说这篇没有署名的墓志很可能就是著作局的作品。

银青光禄大夫，从三品散官，是上官仪做官的最高本阶。中书侍郎，中书省副长官。正三品阶。龙朔二年（662 年）改称中书省为西台、门下省为东台，神龙元年（705 年）复旧。因从三品散官低于正三品实职，所以加“行”。同中书门下三品，即唐代的宰相。

上官仪的仕宦经历可总结如下：晋王府－门下省－东宫－中书省－秘书省－中书省、宰相，其终生都在中央任职。上官仪曾担任的“晋府参军”“东阁祭酒”和“太子洗马”这三种职事官，本传中未见记载，这是非常重要的信息。上述三种职事官都与李治有关，上官仪最终能升任宰相，与在李治身边多年，受到他的信任有相当大的关系。若非如此，则李治不可能向上官仪咨询废武皇后之事。

上官仪死后的赠官有：中书令，中书省长官，正三品。秦州都督，初唐管辖一州或若干州的军政长官，可视为封疆大吏。前面说过，上官氏的第一郡望是天水，而天水是秦州的州治所在地，所以得赠郡望所在地的最高官员是无上的荣光。上柱国，十二转勋官，比正二品。楚国公，从一品封爵。食邑三千户，从一品封爵对应的名义上的待遇，一般来说加“食实封若干户”才是实际待遇。这些赠官包括中央最高级别官员、郡望所在地最高级别地方军政主官、最高级别勋官和非宗室能取得的最高级别封爵，可见上官昭容向唐中宗要求的给其祖父的赠官全部是最高级别，力图为冤死的上官仪正名，同时显示自己如日中天的权势。

波濤海運，崖岸山高。為木則揉作良弓，為鐵則礪成利劍。采摭殫於糟粕，一令典籍困窮；錯綜極於煙霞，載使文章全盛。至於跨躡簪笏，謀猷廟堂，以石投水而高視，以梅和羹而獨步。官寮府佐，問望相趨；麟閣龍樓，輝光遞襲。富不期侈，貴不易交。生有令名，天書滿於華屋；没有遺愛，璽誥及於窮泉。

上官仪，两《唐书》有传，曾任高宗朝宰相，亦是初唐诗坛之翘首，有文集三十卷，不存，《全唐诗》辑有其诗作，其事迹较为清晰。此段文字以骈文描写上官仪的才华、品格和享受到的待遇，是唐代墓志文常见的溢美笔法，可不做详解。

父庭芝，左千牛、周王府屬。相对于做过宰相的祖父上官仪，上官昭容的父亲上官庭芝的仕宦经历要简单得多，毕竟他少年殒命，连子嗣也未能留下。

左千牛，即左千牛备身。左千牛备身是初唐仕宦子弟门荫入仕的进阶，“凡千牛备身左右及太子千牛备身，皆取三品已上职事官子孙，四品清官子，仪容端正，武艺可称者充。”[①] 周王府属，王府官，正六品上阶，掌通判王府各曹事。周王即高宗第七子李显。上官庭芝由门荫入仕而非科举出身。

人物本源，士流冠冕。宸極以侍奉為重，道在腹心；王庭以吐納為先，事資喉舌。落落萬尋之樹，方振國風；昂昂千里之駒，始光人望。此段文字以骈文描写上官庭芝的才华、品格，一样是唐代墓志文常见的溢美笔法，可不做详解。

屬楚國公數奇運否，解印褰裳，近辭金闕之前，遠竄石門之外，並從流迸，同以憂卒。墓志文对于上官仪与上官庭芝之死，以曲笔代过。其实上官仪之死，《新唐书》卷七十六《则天武皇后传》交代得非常清楚：

> 麟德初后召方士郭行真入禁中为蛊祝，宦人王伏胜发之。帝怒，因是召西台侍郎上官仪，仪指言后专恣，失海内望，不可承宗庙，与帝意合，乃趣使草诏废之。左右驰告，后遽从帝自诉，帝羞缩，待之如初，犹意其恚，且曰：“是皆上官仪教我！”后讽许敬宗构仪，杀之。[②]

也就是说，上官仪在政治斗争中失败被杀，上官庭芝受到牵连同时被杀。

贈黄門侍郎、天水郡開國公、食邑三千户。訪以荒陬，無復藤城之櫬；藏之祕〔秘〕府，空餘竹簡之書。上官庭芝的赠官为：黄门侍郎、天水郡开国公、食邑三千户。黄门侍郎，门下省副长官，正三品阶。天水郡开国公，正二品封爵。可以看出上官庭芝的赠官不如上官仪的赠官完备，品级也低一级。如前所揭，上官庭璋的长子，也就是上官昭容的从兄弟上官经野承袭了上官庭芝的“天水郡开国公”爵位。因上官庭芝无子嗣，上官经野以从子的身份袭上官庭芝追赠之爵位，从而保证上官氏家族继续享有爵禄。这极有可能是与当时改葬上官庭芝同时进行的，出于上官昭容的安排。《新唐书》说上官庭芝以上官昭容故追赠为“黄门侍郎、岐州刺史、天水郡公，仍令以礼改葬”，可见上官昭容为祖、父请赠官的同时，又重新礼葬了他们，所以墓志文中说：“访以荒陬，无复藤城之榇；藏之秘府，空余竹简之书。”

---

① 〔后晋〕刘昫等撰：《旧唐书》，中华书局，1975 年，页 1833。

② 〔宋〕欧阳修、宋祁撰：《新唐书》，中华书局，1975 年，页 3475。

以上是志主上官昭容的世系。墓志文的序文用将近一半的篇幅连篇累牍地叙述上官昭容祖父三代的历官，夸耀其事迹文采，一是出于唐代墓志撰写的习惯（上官仪曾任宰相，也确实值得夸耀一番），再者无非是为后文将志主事迹略写而挤占篇幅。

婕妤懿淑天資，賢明神助。詩書為苑囿，捃拾得其菁華；翰墨為機杼，組織成其錦繡。这两句共32字，是墓志撰文者对上官昭容的评价。第一句描写品行，第二句以对仗的形式夸赞她的文学才华。上官昭容在《旧唐书》卷五十一、《新唐书》卷七十六皆有传，较为详细。《新唐书》本传全文如下：

> 上官昭容者，名婉儿，西台侍郎仪之孙。父廷芝，与仪死武后时。母郑，太常少卿休远之姊。
>
> 婉儿始生，与母配掖廷。天性韶警，善文章，年十四，武后召见，有所制作，若素构。自通天以来，内掌诏命，掞丽可观。尝忤旨当诛，后惜其才，止黥而不杀也。然群臣奏议及天下事皆与之。
>
> 帝即位，大被信任，进拜昭容，封郑沛国夫人。婉儿通武三思，故诏书推右武氏，抑唐家，节愍太子不平。及举兵，叩肃章门索婉儿，婉儿曰："我死，当次索皇后、大家矣！"以激怒帝，帝与后挟婉儿登玄武门避之。会太子败，乃免。婉儿劝帝侈大书馆，增学士员，引大臣名儒充选。数赐宴赋诗，君臣赓和，婉儿常代帝及后、长宁安乐二主，众篇并作，而采丽益新。又差第群臣所赋，赐金爵，故朝廷靡然成风。当时属辞者，大抵虽浮靡，然所得皆有可观，婉儿力也。郑卒，谥节义夫人。婉儿请降秩行服，诏起为婕妤，俄还昭容。帝即婉儿居穿沼筑岩穷，饰胜趣，即引侍臣宴其所。是时，左右内职皆听出外，不何止。婉儿与近嬖至皆营外宅，邪人秽夫争候门下，肆狎昵，因以求剧职要官。与崔湜乱，遂引知政事。湜开商山道，未半，因帝遗制，虚列其功，加甄赏。韦后之败，斩阙下。
>
> 初，郑方妊，梦巨人畀大称曰："持此称量天下。"婉儿生逾月，母戏曰："称量者岂尔耶？"辄哑然应。后内秉机政，符其梦云。景云中，追复昭容，谥惠文。始，从母子王昱为拾遗，昱戒曰："上往囚房陵，武氏得志矣，卒而中兴，天命所在，不可幸也。三思虽乘衅，天下知必败。今昭容上所信，而附之，且灭族！"郑以责婉儿，不从。节愍诛三思，果索之，始忧惧。及草遗制，即引相王辅政。临淄王兵起，被收。婉儿以诏草示刘幽求，幽求言之王，王不许，遂诛。开元初，裒次其文章，诏张说题篇。

从行文可以看出，《新唐书》的编撰者对上官昭容的评价基本上是负面的，其甄选的材料很多是来源于唐人笔记，带有小说的色彩。"通武三思""与崔湜乱"这种男女关系的叙述方式，有"泼脏水"的嫌疑。

凡是唐代参与政治的女性，都被后代史书撰写者嵌入乱搞男女关系的桥段——武则天豢养面首，韦皇后与武三思私通，上官婉儿通武三思、与崔湜乱，太平公主私与胡僧惠范等等，贬低女性的价值观跃然纸上。

年十三為才人，該通備於龍蛇，應卒逾於星火。才人，正四品内官，掌叙燕寝，理丝枲。根据后文可以明确，上官昭容生于麟德元年（664 年），卒于唐隆元年（610 年）六月，终年 47 岁。“年十三为才人”应该在上元三年（或仪凤元年，676 年），此时高宗在位，武皇后称天后不久。《新唐书》本传记载，上官氏“年十四，武后召见，有所制作，若素构”。上官婉儿毫无疑问是被武则天所发现和起用，才人只是一个官阶，实际上武则天是将上官才人当做“秘书”来使用①，所以“自通天以来，内掌诏命，掞丽可观。……然群臣奏议及天下事皆与之”。上官才人与武则天相伴近 30 年，墓志文竟无一字提及当年“武太后”与上官才人的关系，具有显而易见的选择性。

先皇撥亂返正，除舊布新，救人疾苦，紹天明命。先皇指唐中宗。此句表明了撰文者对武周的态度，实际上就是睿宗朝当时唐代官方对武则天的定论，很显然这个定论是负面的，这也比较容易理解。所以上述上官昭容与武则天关系描述的选择性缺失，缘于官方的政治立场。

神龍元年，冊為昭容。上官才人于神龙元年（705 年）册为昭容，可知时年 42 岁。昭容，九嫔之一，正二品阶。墓志文以下的叙事，皆以“昭容”称之。

以韋氏侮弄國權，摇動皇極。賊臣遞構，欲立愛女為儲；愛女潛謀，欲以賊臣為黨。昭容泣血極諫，扣心竭誠，乞降綸言，將除蔓草。先帝自存寬厚，為掩瑕疵。韦氏即唐中宗韦皇后。“爱女”即唐中宗女安乐公主，《新唐书》卷八十三有传曰：

> 安乐公主，最幼女。帝迁房陵而主生，解衣以褓之，名曰裹儿。姝秀辩敏，后尤爱之。下嫁武崇训。帝复位，光艳动天下，侯王柄臣多出其门。尝作诏，箝其前，请帝署可，帝笑从之。又请为皇太女，左仆射魏元忠谏不可，主曰：“元忠，山东木强，乌足论国事？阿武子尚为天子，天子女有不可乎？”与太平等七公主皆开府，而主府官属尤滥，皆出屠贩，纳訾售官。降墨敕斜封授之，故号“斜封官”。

唐中宗韦皇后与安乐公主乱政的过程，史籍有详细记载，不赘述。但墓志文提供的信息是——上官昭容在这场政治斗争中，坚定地站在反对韦皇后与安乐公主乱政的立场上。这完全颠覆了史籍记载的上官昭容是韦皇后一党的描述，同时决定了上官昭容在唐隆政变之后与韦皇后、安乐公主完全不同的政治待遇。韦皇后被贬为庶人，安乐公主被贬为悖逆宫人，是彻底的负面评价；而上官昭容则被“礼葬赠官”，是正面评价。

昭容覺事不行，計無所出。上之，請擿伏而理，言且莫從；中之，請辭位而退，制未之許；次之，請落髮而出，卒為挫衄；下之，請飲鴆而死，幾至顛墜。为了表明自己的立场，与韦皇后和安

① 编者按：墓志公布时，有媒体称“上官婉儿做过两任皇帝的老婆”，这种说法是错误的。我们认为，上官婉儿在高宗朝和武周时期一直是才人，她的身份是内官，不是唐高宗的嫔妃；其次，上官才人主要为武则天提供文字服务，并没有材料证实其与唐高宗有瓜葛。

乐公主的势力做斗争，上官昭容采取了层层递进的手段：第一步是请求中宗遏制韦皇后和安乐公主的势力并治其罪，中宗不听。“理”即“治”，避高宗讳改。第二步是远身避祸，请求辞去职位，中宗不许。第三步是削发出宫，与政治绝缘，中宗不让。最后一步是请求饮鸩自杀，表明态度，结果差点儿要命。

先帝惜其才用，慜以堅貞，廣求入腠之醫，纔救懸絲之命，屢移朏魄，始就痊平。表請退為婕妤，再三方許。这样细节的描写，也是为了衬托上官昭容政治立场的坚定。

暨宫車晏駕，土宇銜哀。政出後宫，思屠害黎庶；事連外戚，欲傾覆宗社。“宫车”代指中宗皇帝。《旧唐书》卷七《中宗本纪》：“六月壬午，帝遇毒，崩于神龙殿，年五十。秘不发丧，皇后亲总庶政。”考长历，景龙四年六月辛巳朔，壬午为初二日。此段指中宗晏驾后韦皇后擅权。唐睿宗朝廷对韦太后临朝摄政的界定是负面的，相当于叛逆。

皇太子沖規参聖，上智伐謀，既先天不違，亦後天斯應，拯皇基於傾覆，安帝道於艱虞。“皇太子”即后来的唐玄宗李隆基。此句意在褒扬李隆基发动唐隆政变，拯救大唐皇基于将倾的功绩。《旧唐书》卷七《中宗本纪》：“六月……庚子，夜，临淄王讳举兵诛诸韦、武，皆枭首于安福门外，韦太后为乱兵所杀。”① 六月庚子为二十日。李隆基在发动唐隆政变的时候身份是临淄郡王。《旧唐书》卷八《玄宗本纪》：“七月己巳，睿宗御承天门，皇太子诣朝堂受册。是日有景云之瑞，改元为景云，大赦天下。”② 撰写这篇墓志的时候，李隆基刚刚册为皇太子。从对李隆基的称谓上，可以推定墓志文的撰写时间是在景云元年七月二十日至八月二十四日之间。

昭容居危以安，處險而泰。且陪清禁，委運於乾坤之間；遽冒銛鋒，亡身於倉卒之際。時春秋四十七。《旧唐书》卷五十一《上官昭容传》：“及韦庶人败，婉儿亦斩于旗下。”上官昭容亦为六月二十日夜被杀，春秋四十七，当生于麟德元年（664 年）。《旧唐书》卷八十《上官仪传》：“麟德元年，宦者王伏胜与梁王忠抵罪，许敬宗乃构仪与忠通谋，遂下狱而死，家口籍没。”上官氏生与父庭芝死为同一年，所以本传说：“婉儿始生，与母配掖廷。”

关于上官昭容的死因，墓志文曰：“遽冒铦锋，亡身于仓卒之际。”委婉地表述其死于政变的兵锋之下。“卒”同“猝”。对于上官昭容之死，《资治通鉴》描述的较为详细：“及隆基入宫，昭容执烛帅宫人迎之，以制草示刘幽求。幽求为之言，隆基不许，斩于旗下。”③ 所谓的“仓卒之际”，即代指李隆基等发动的唐隆政变。

皇鑒昭臨，聖慈軫悼，爰迁制命，禮葬贈官。“皇”“圣”即指代写作这篇墓志文当时在位的皇帝唐睿宗。按照唐代墓志撰写的惯例，撰文者大多会在序文末尾对出资制作墓志的请托人（一般是志主的子女或家庭重要成员）点名奉承一番，以昭显后者的孝友或慷慨。那么此句就点明了上官昭容墓志

---

① 〔后晋〕刘昫等撰：《旧唐书》，中华书局，1975 年，页 150。
② 〔后晋〕刘昫等撰：《旧唐书》，中华书局，1975 年，页 168。
③ 〔宋〕司马光编著：《资治通鉴》，中华书局，1956 年，页 6646。

的请托人是当时的睿宗皇帝。

太平公主哀傷，賻贈絹五百匹，遣使吊祭，詞旨綢繆。紧接着唐睿宗出现的人是太平公主。在唐隆政变之后，太平公主的政治地位仅次于唐睿宗，安乐公主墓志《大唐故勃逆宫人志文并序》中，太平公主也紧随唐睿宗出现：

> 其夫武延秀与韦温等，谋危宗社，潜结回邪，交构凶徒，排挤端[善]　密行鸩毒，中宗暴[崩]，六合摧心，三光掩[色]。又欲拥羽林万骑，率左右屯营，内宅之中，潜贮兵甲，期以唐隆元年六月廿三日，先危今上圣躬，并及太平公[主]。①

景云元年的太平公主，正处于协助李隆基平韦后之乱并支持睿宗登基的政治全盛时期。史载："公主……每入奏事，坐语移时，所言皆听。荐人或骤历清职，或至南北衙将相，权移人主。军国大政，事必参决，如不朝谒，则宰臣就第议其可否。"② 结合《墓志》"词旨绸缪"的描述，不难想象，上官昭容的安葬，太平公主有游说睿宗的莫大之功。而实际上上官昭容葬礼的资助者正是当时踌躇满志的太平公主。

以大唐景雲元年八月二十四日，窆於雍州咸陽縣茂道鄉洪瀆原，禮也。龜龍八卦，與紅顏而並銷；金石五聲，随白骨而俱葬。唐隆元年六月甲辰（二十四日），安国相王即皇帝位于承天门，是为唐睿宗。七月己巳（二十日），改元景云。八月二十四日上官婉儿下葬，自卒及葬，仅有两个月时间。雍州为唐京畿所在。咸阳县为畿县，唐武德二年分泾阳、始平置咸阳县，治杜邮（今咸阳市东）。武则天母杨氏顺陵即在县界。茂道乡名为首见，其辖境无考。

铭辞略。

此篇墓志文是按照初唐墓志的通例撰写的，通篇词语浅显，用典不多，不妨引用陆扬先生的评价：

> 若熟悉唐代墓志的书写，那么不难发现这篇墓志的文笔，包括谋篇、用典、遣词等等，都相当平庸。有些字句近于粗鄙，比如写上官仪被贬是"近辞金阙之前，远窜石门之外"，哀叹上官婉儿之死是"龟龙八卦，与红颜而并消；金石五声，随白骨而俱葬"等等。若换成别的书写对象，那么这种平庸在更多程式化的唐代前期墓志里未必值得惊讶。但这种情况出现在当日文坛女主和有昭容身份的婉儿墓志里，就令人费解，至少说明撰写者不大可能是文章名手。③

这是相对于张说《昭容上官氏（神道）碑铭》和《中宗上官昭容集序》的飞扬文采来说的。毕竟

① 孟宪实：《〈安乐公主墓志〉初探》，西安碑林博物馆编：《纪念西安碑林九百二十周年华诞国际学术研讨会论文集》，文物出版社，2008年，页315~316。

② 〔后晋〕刘昫等撰：《旧唐书》，中华书局，1975年，页4739。

③ 陆扬：《上官婉儿和她的制作者》，《东方早报》2014年3月30日。

此篇墓志文的撰者有可能是官方指定的一般文士，比不得“燕许大手笔”。作者也指出：“不过文笔平庸并不表示这篇文字就缺乏意旨。”但也有学者认为“这方墓志文学性很强，无疑出于朝廷大手笔之手”[①]。在墓志还未公布时，我们认为此墓志除了制作较为精工以外，从历史性和文学性上对比同时代的墓志并无特殊之处，其实是与陆扬先生的观点一致。即便文学价值不高、史实不甚丰富，也不妨碍此墓志的重要历史价值——它是研究唐代历史，特别是唐代政治史无可回避的第一手文献。

① 胡可先:《上官氏家族与初唐文学——兼论新出土〈上官婉儿墓志〉的文学价值》,《求是学刊》2014年第5期。

第五章　结　语

唐昭容上官氏墓是近年来我国隋唐考古的重要发现，曾入选2014年度“全国十大考古新发现”初评，考古发现和初步研究成果受到社会和学界的普遍关注。在墓葬发掘的消息刚刚公布时，就已有学者根据有限的信息提出令人耳目一新的观点①。墓志发表后，又引起了相当的关注，学者从不同角度对唐昭容上官氏墓志和此项考古发现进行解读②。

作为墓葬的发掘者，结合考古发掘所获资料和墓志文的记载，参以其他史料，我们依然坚持当时的论点：

唐昭容上官氏墓建于景云元年（710年）六月至八月间，以正二品昭容身份礼葬。建墓和礼葬都是出于太平公主的安排。

唐玄宗即位之初，约先天二年（713年）七月太平公主败亡后不久，上官婉儿墓因受太平公主“谋逆”的牵连，被官方毁墓。

唐昭容上官氏墓从礼葬到被毁的整个过程，都是唐代政治博弈的结果。

一、时代背景

唐昭容上官氏墓下葬和“被毁”这个过程所处的时代，是整个唐代最危险的时代之一。自神龙元年（705年）起，至先天二年（712年）发生的改变唐朝历史命运的政变就有3起，先后有三代、五位皇帝被卷入，无数人因此而殒命，包括唐中宗、韦皇后、殇帝、安乐公主、上官婉儿和太平公主这些重要的历史人物。在上官昭容下葬之时，唐睿宗刚刚登基，由于他生性懦弱，朝廷权柄实际上掌握在太平公主手中。太平公主有意效仿武则天成为一代女主，力图打压皇太子李隆基。先天二年（713年）七月，李隆基发动政变，以谋逆罪名赐死太平公主，并清算其政治势力。在这场政治斗争中，已

① 吴丽娱：《唐代的“罪人”葬事》，《东方早报》2013年9月22日；仇鹿鸣：《上官婉儿之死及平反》，《东方早报》2013年9月22日。

② 仇鹿鸣：《上官婉儿墓志透露的史实》，《东方早报》2014年1月20日；杜文玉：《被误读的上官婉儿》，《文史知识》2014年第1期；陆扬：《上官婉儿和她的制作者》，《东方早报》2014年3月30日；李明：《来自大唐的秘密——上官婉儿墓考古解读》，《大众考古》2014年第4期；仇鹿鸣：《碑传与史传：上官婉儿的生平与形象》，《学术月刊》2014年第5期；胡可先：《上官氏家族与初唐文学——兼论新出土〈上官婉儿墓志〉的文学价值》，《求是学刊》2014年第5期。

逝的上官昭容被太平公主用来做政治文章，导致昭容上官氏墓先被礼葬，后被毁墓。

“由于死者在生人的情感世界和现实利益中有很大的影响力，后人常常要借助死者的丧葬活动表达自己的愿望和目的。”① 处在这个时代背景下的高等级墓葬，不可避免地会留有时代的烙印。

二、类型学研究

唐代对墓葬规格和葬仪有严格规定，特别是贞观时代唐代墓葬风格完全形成以后，丧葬制度与墓主人身份等级对应。除非经过皇帝特许，越制的墓葬很可能面临“毁墓”的惩罚②。

（一）墓葬形制的对比

目前已发掘的与昭容上官氏墓同时代三品以上官员墓葬墓主主要为皇亲，择其形制清楚的例子列表如下：

表一　同期三品以上部分皇亲、官员墓葬规格对照表

墓主	下葬时间	身份	总长（米）	天井	壁龛	墓室边长（米）
上官婉儿	710	中宗昭容	39	5	4	3.6
李重俊	710	节愍太子	54.25	5	4	1.73；3.85
李千里	710	成王	45	5	6	3.3；4.5
薛氏	710	万泉县主	?	5	4	约3.2；约4.3
李贤及妃清河房氏	711	雍王、赠章怀太子	71	4	6	4.5；5.5
李贞	718	越王	46.1	5	4	4.5

下葬于景云元年（710年）十一月的成王李千里（李仁）墓③，系带有5个天井和6座壁龛的双室砖券墓。李千里因参与节愍太子政变而被诛杀。唐睿宗即位后为李千里平反，为其营建了当时最高级别的5天井双室砖券墓，以表彰其反对韦武一党之功。

下葬于景云元年（710年）十一月的万泉县主薛氏墓，是一座长斜坡墓道5天井、4座壁龛的双室砖券墓④。万泉县主薛氏是太平公主与驸马薛绍所生第二女，下嫁豆卢氏，死于景云元年八月，享年只有24岁。墓主身份为正二品外命妇，却使用了当时最高级别的5天井双室砖券墓，其墓葬形制和规格明显越制。该墓壁画绘列戟10杆（单侧5杆）对应国公级别，按唐代国公爵为从一品阶，而县主爵为正二品阶，是不足以享用列戟的。然而当时太平公主的势力正如日中天，为其女营建越制的墓葬实

① 齐东方：《唐代的丧葬观念习俗与礼仪制度》，《考古学报》，2006年第1期。

② 李明：《论唐代的毁墓——以唐昭容上官氏墓为例》，《考古与文物》2015年第3期。见本书附录三。

③ 中国科学院考古研究所编著：《西安郊区隋唐墓》，科学出版社，1966年。

④ 陕西省文物保护研究院编著，姜宝莲主编：《二十世纪五十年代陕西考古发掘资料整理研究》下册，三秦出版社，2003年，页191～196。

际上也是一种政治表态。

可以看出，昭容上官氏墓在墓葬总长度上远逊于其他皇亲墓，这是因为除了李千里墓以外其他墓葬在计算长度时统计至封土最北端，而昭容上官氏墓无封土，其总长度是墓道南端至墓圹北端的长度数据。从最重要的标准——天井数量来看，昭容上官氏墓达到了唐代最高级别墓葬的标准，其他数据较最高级别的太子、亲王、公主墓葬稍有差距。

从墓葬形制上看，昭容上官氏墓符合唐代规定的正二品官员的墓葬规格。比较之前的“亡宫”——唐太宗婕妤无名氏和金氏[①]，这两座墓的发掘资料没有公布，从墓志的粗率程度上看，其墓葬规格应不会太高。可以说，上官昭容是一反前朝之例，完全按照朝臣的对应级别礼葬的。

（二）随葬器物的对比

唐昭容上官氏墓残存的随葬器物主要为陶俑和墓志，出土自壁龛和甬道，下葬时墓室内有无随葬器物不得而知。通过同时代墓例的对比，可知大多数唐墓的墓室是有相当数量的随葬器物的。以总章二年（669 年）刘智夫妇墓为例，该墓除 4 个壁龛内随葬陶俑外，墓室内还随葬有骑马俑、立俑、白瓷罐及疑似木箱的残留，墓主棺内随葬铜带、组玉佩、金铜装班剑、铜镜等实用器[②]。

陶俑的特征为品种单一、制作粗糙。

该墓出土的陶女立俑与永泰公主墓所出彩绘陶女立俑最为接近，几乎同模。永泰公主墓出土的反绾髻女俑和回鹘髻女俑为泥质灰陶胎，高 20 厘米（图四八）[③]。永泰公主墓下葬于神龙二年（706 年）五月，系唐中宗下制礼葬，随葬器物由朝廷有司提供。那么我们可以认为，唐昭容上官氏墓随葬器物的来源与永泰公主墓是相同的。

以开元十二年（722 年）下葬的金乡县主夫妇墓做比较，可以观察到随葬器物来源的区别。金乡县主的丈夫于隐葬于天授元年（690 年），本阶为朝散大夫（从五品下阶），职事官为蜀州司法参军（从七品下阶），墓葬形制为 3 个天井的单室土洞墓。金乡县主是有封爵的正二品外命妇，在与其夫于隐合葬时虽不能另建符合自己身份的大型墓葬，但可以使用规格较高的彩绘随葬陶俑来显示自己的身份[④]。金乡县主墓的彩绘陶俑体型高大、品类少见、制作精美，很显然与有司提供的陶俑不是一个档次的产品，应该系定制的特殊随葬器物。

开元二十四年（736 年）下葬的李倕墓又是另一番景象。李倕虽出身宗室，但她的身份只是一个正七品下阶官员的夫人，并无封爵。李倕墓的形制是 3 个天井的单室土洞墓，随葬朱书砖墓志和品相

① 《大唐故婕妤三品亡尼墓志》，《隋唐五代墓志汇编·陕西卷》第三册，页 70；《亡宫三品婕妤金氏墓志》，《隋唐五代墓志汇编·陕西卷》第三册，页 104。

② 陕西省考古研究院：《陕西西安唐刘智夫妇墓发掘简报》，《考古与文物》2016 年第 3 期。

③ 陕西省文物管理委员会：《唐永泰公主墓发掘简报》，《文物》1964 年第 1 期。

④ 西安市文物保护考古所：《唐金乡县主墓》，文物出版社，2002 年。

1

2

图四八 唐永泰公主墓出土女立俑
1. 反绾髻女俑 2. 回鹘髻女俑

非常差的陶俑，但服饰和实用器却异常精美①。因身份低微，李倕墓不能随葬大型彩绘陶俑，但其家庭可以提供实用器随葬，因此随葬器物体现出特殊性。

另外，包括陶俑、陶动物在内的随葬明器无法体现出性别差异，它们只有数量和品种、质地和规格上体现出的等级差别。随葬器物的性别特征体现在墓室内放置的实用器上。假设 XKNM1 未出土墓志，我们将无从判别其墓主性别。

墓志也是能够体现身份级别的随葬器物。将景云元年前后下葬的同等级墓志择例列表如下：

表二 同期墓志规格对照表

志主	下葬时间	身份	墓志边长（厘米）	资料来源
婕妤三品亡尼	麟德二年十二月	太宗婕妤	59.7	《隋唐五代墓志汇编》陕西卷第三册，页 70
金氏	永昌元年正月	太宗婕妤	44.4	《隋唐五代墓志汇编》陕西卷第三册，页 104

① 陕西省考古研究院：《唐李倕墓发掘简报》，《考古与文物》2015 年第 6 期。

续表二

志主	下葬时间	身份	墓志边长（厘米）	资料来源
李千里	景云元年十一月	左金吾卫大将军、广益二州大都督、上柱国、成王	88	《陕西碑石精华》，页 93
薛氏	景云元年十一月	万泉县主、太平公主第二女	71	《陕西古代石刻艺术》，页 290
李令晖	景云二年五月	襄城县主、许王女	73	《西安碑林博物馆新藏墓志汇编》（上），页 285 ~ 288
李贤及妃清河房氏	景云二年十月	雍王、赠章怀太子	87	《咸阳碑石》页 55；《陕西碑石精华》页 94。
李花山	景云二年十月	淮阳公主、睿宗第三女	73	《西安碑林博物馆新藏墓志汇编》（上），页 289 ~ 293

通过上表可以看出，上官昭容墓志与当时诸公主、县主墓志同规格，而亲王墓志自成规格，说明当时的墓志使用制度是比较严格的。上官昭容死后的待遇要远高于陪葬昭陵的太宗诸婕妤。

综上所述，有司在为上官昭容选择葬地和制定葬仪时遵从了太平公主的意见，并没有依照前朝宫内女官或嫔妃的惯例操作；墓葬形制和随葬品配置上采用了当时的统一标准并稍有降低，无越级配置。

三、唐昭容上官氏墓被毁墓的推断

在本报告第二章，介绍了唐昭容上官氏墓的“被毁”迹象。通过对这个特殊考古迹象的分析，结合墓志文和史料的记载，我们认为——唐昭容上官氏墓建墓和礼葬都是出于太平公主的安排，该墓被毁墓也是受到太平公主“谋逆”这一政治事件的牵连。

本报告第四章墓志文详释中，论证了上官昭容葬礼的资助者正是当时踌躇满志的太平公主。虽然史书没有明确记载，但通过一些细节分析，太平公主与上官昭容很可能关系密切。首先，太平公主与上官昭容同龄。“太平公主者，高宗少女也。以则天所生，特承恩宠。初，永隆年降驸马薛绍。”[①] 设若永隆年（681 年）降驸马薛绍时年十六，则太平公主应生于麟德二年（665 年）前后，正与生于麟德元年（664 年）的上官昭容同龄。其次太平公主与上官昭容同在宫中长大，具备频繁接触的条件。再次，上官昭容曾与武氏过从甚密，而太平公主的第二任驸马武攸暨正是武氏家族成员。太平公主与上官昭容有私交和相同政见是完全有可能的。

景云元年的太平公主，正处于协助李隆基平韦后之乱并支持睿宗登基的政治全盛时期。史载：“公主……每入奏事，坐语移时，所言皆听。荐人或骤历清职，或至南北衙将相，权移人主。军国大政，事必参决，如不朝谒，则宰臣就第议其可否。”[②] 通过第二女万泉县主薛氏墓葬的越制现象，也能明显

① 〔后晋〕刘昫等撰：《旧唐书》，中华书局，1975 年，页 4738。

② 〔后晋〕刘昫等撰：《旧唐书》，中华书局，1975 年，页 4739。

看到太平公主类似于当初中宗韦皇后一般不受限制的权力和野心。

太平公主不但资助上官昭容的葬礼，还主张为已逝的后者编纂文集。对上官昭容政治、文学评价最完整的文献是张说所撰的《唐昭容上官氏文集序》，赞其“两朝专美，一日万机，顾问不遗，应接如响。虽汉称班媛，晋誉左嫔，文章之道不殊，辅佐之功则异”①。《旧唐书》记载：“玄宗令收其诗笔，撰成文集二十卷，令张说为之序。”《新唐书》系年于开元初。直到陈祖言作《张说年谱》，才认为此说有误，将张说此序写作时间系于景云二年（711 年）②，可谓灼见。序文末段叙述编纂文集的缘起提到：“镇国太平公主，道高帝妹，才重天人，昔尝共游东壁，同宴北渚，倏来忽往，物在人亡。悯雕管之残言，悲素扇之空曲。上闻天子，求椒掖之故事；有命史臣，叙兰台之新集。”由此可知请为上官昭容编纂文集的正是太平公主，“上表”的对象应是其兄唐睿宗，而不可能是后来的唐玄宗。

太平公主对已逝的上官婉儿做出了一系列动作：

- 建墓并礼葬赙赠；
- 计划为上官昭容树立神道碑；
- 命人收编《上官昭容文集》成二十卷，令张说为之序；
- 请为上官昭容追谥曰“惠文”。

所有关于上官婉儿的动作都指向一个目的——拉拢上官婉儿生前的党羽，丰满自己的政治羽翼。

太平公主的丈夫定王、驸马都尉武攸暨延和元年（712 年）卒。他死后仅仅一年时间，先天二年（713 年）七月太平公主因谋逆赐死，“令平毁其墓”③。平定太平公主叛乱的是李隆基，下令毁武攸暨墓的人，无疑也是这位刚刚即位一年的新皇帝。太平公主对死于李隆基之手的上官昭容高调示好，难免令后者衔忿迁怒。我们认为，上官昭容墓之毁，应与武攸暨墓之毁同时。

值得注意的是，上官昭容以前的大靠山武三思也被毁了墓。先是，睿宗即位之初，就“以三思父子俱有逆节，制令斫棺暴尸，平其坟墓”④。在 8 世纪的初叶，毁墓和建新墓⑤似乎成了掌权者发泄怨愤和表达态度的极端方式，这种行为背后的政治因素纠缠着几代人对绝对权力的欲望。

四、结 论

从葬地选择上看，唐昭容上官氏墓处于北朝至唐代长安城传统的贵族墓葬区——咸阳洪渎原，符合其正二品昭容的身份。同时代下葬的太平公主驸马武攸暨墓、太平公主女儿万泉县主薛氏墓、太平公主亲家唐从心夫妇墓皆位于洪渎原，很有可能葬地是出于太平公主的选择。

---

① 〔清〕董诰等编：《全唐文》，中华书局影印，1983 年，页 2275。
② 陈祖言：《张说年谱》，香港中文大学出版社，1984 年，页 32。
③ 〔后晋〕刘昫等撰：《旧唐书》，中华书局，1975 年，页 4738。
④ 〔后晋〕刘昫等撰：《旧唐书》，中华书局，1975 年，页 4736。
⑤ 章怀太子墓、懿德太子墓、永泰公主墓即是建新墓的典型代表，这三座墓的规模在有唐一代无出其右。

早在40年前，宿白先生就对西安周围的唐代墓葬做了分型和分期①，这一结论直至今日仍然适用。按照这个分型和分期，唐昭容上官氏墓属于第二期前段Ⅱ型墓葬。从墓葬形制上分析，唐昭容上官氏墓是一座典型的初唐晚期三品以上官员墓葬，墓主身份为正二品，墓葬配置5个天井、4个壁龛和砖券甬道墓室，完全符合墓主身份。这种墓葬规格适用于当时同品阶的官员和命妇，是标准的正二品朝臣墓葬配置。

随葬器物中一部分陶立俑与唐永泰公主墓出土陶立俑完全相同，应该是官方提供的标准随葬器物。但品类较为单一，制作稍嫌粗糙。墓志规格与同期的正二品官员和命妇相差无几，也是标准配置。

总而言之，唐代朝廷将上官昭容的墓葬和葬礼当做普通正二品官员对待，既没有依照前朝例子以较低规格的墓葬形制陪葬定陵，也没有因为其特殊的政治身份而有所增益。这种选择带有太平公主个人意愿的因素，也是当时政治博弈的结果。在墓葬建筑装饰和随葬器物数量、质量上投入不多，但也在正常范围内。之所以认为墓葬规格和随葬品与上官婉儿的身份不匹配，是缘于当代人对墓主人的熟知所造成的固有印象与现实形成了反差错觉。

唐昭容上官氏墓依然是一个难能可贵的考古学标本，其重要价值体现在以下几个方面：

1. 保存相对完整的、有明确纪年的唐代高等级墓葬
2. 墓主是经历富有传奇色彩的历史名人
3. 有特殊的考古学遗迹现象
4. 有史籍记录可资对应

唐昭容上官氏墓的考古学特征更多地体现的是共性，特性极少。我们认为，对该墓的研究应该纳入唐代墓葬的整体考古学研究系统内，以期发挥其最大的价值。

---

① 宿白：《西安地区的唐墓形制》，《文物》1995年第12期。

附表

墓葬出土文物统计表

器物编号	名称	数量	出土位置	备注
1	幞头男骑马俑	1件	东一龛龛内口部偏中	
2	回鹘髻女骑马俑	1件	东一龛龛内口部北侧	
3	反绾髻女骑马俑	1件	东一龛龛内中部偏北	
4	回鹘髻女骑马俑	1件	东一龛内偏北	
5	反绾髻女骑马俑	1件	东一龛东北处	
6	幞头男骑马俑	1件	东一龛东北处	头部残佚
7	幞头男骑马俑	1件	东一龛龛内中部偏东	
8	回鹘髻女骑马俑	1件	东一龛龛内中部	
9	幞头男骑马俑	1件	东一龛龛内西南	
10	幞头俑	1件	东一龛龛口南侧	
11	幞头俑	1件	东一龛龛口南侧	
12	幞头俑	1件	东一龛龛口南侧	
13	幞头俑	1件	东一龛中部	
14	幞头俑	1件	东一龛中部	
15	反绾髻女俑	1件	东一龛中部	
16	幞头俑	1件	东一龛中部	
17	幞头俑	1件	东一龛龛内中部偏南	
18	幞头俑	1件	东一龛龛内中部偏南	
19	陶猪	1件	东一龛龛内中部	
20	陶猪	1件	东一龛龛内口部偏南	
21	陶羊	1件	东一龛龛内口部中部偏北	
22	陶狗	1件	东一龛龛内口部中部偏南	
23	陶鸡	1件	东一龛龛内口部中部偏南	黑色，冠残
24	幞头俑	1件	东一龛龛口内北侧	
25	反绾髻女俑	1件	东一龛龛内西南角	
26	陶马	1件	西一龛龛内西南角	红色

续表

器物编号	名称	数量	出土位置	备注
27	陶马	1件	西一龛龛内西南角	
28	陶马	1件	西一龛龛内西北角	黑色
29	陶马	1件	西一龛龛内西北角	红色
30	陶马	1件	西一龛龛内西北角	红色
31	陶马	1件	西一龛龛内西北角	白色，腿残断
32	陶马	1件	西一龛龛内中部	红色
33	陶马	1件	西一龛龛内中部	黑色
34	陶马	1件	西一龛龛内中部	黑色
35	陶马	1件	西一龛北侧	
36	陶马	1件	西一龛北侧	白色
37	陶马	1件	西一龛北侧	黑色
38	陶马	1件	西一龛龛口内中部	
39	陶马	1件	西一龛龛口内中部	黑色
40	陶猪	1件	西一龛龛口内中部	
41	陶狗	1件	西一龛龛口内偏北	黑色斑点
42	风帽俑	1件	西一龛龛内西侧	
43	风帽俑	1件	西一龛龛内西侧	
44	反绾髻女俑	1件	西一龛龛内西侧	
45	反绾髻女俑	1件	西一龛龛内西侧	
46	幞头俑	1件	西一龛龛内西侧	
47	反绾髻女俑	1件	西一龛龛内西侧	
48	反绾髻女俑	1件	西一龛龛内北侧	
49	风帽俑	1件	西一龛龛内东北角	
50	幞头俑	1件	西一龛龛内东北角	
51	风帽俑	1件	西一龛龛内东北角	足残
52	反绾髻女俑	1件	西一龛龛内口部偏南	
53	反绾髻女俑	1件	西一龛龛内西侧偏南	
54	陶猪	1件	东二龛龛口部偏北	
55	幞头俑	1件	东二龛龛内西北角	残
56	风帽俑	1件	东二龛龛内西北	
57	反绾髻女俑	1件	东二龛龛内西北	
58	风帽俑	1件	东二龛龛内西北	
59	风帽俑	1件	东二龛龛内西北	
60	幞头俑	1件	东二龛龛内西北	

续表

器物编号	名称	数量	出土位置	备注
61	风帽俑	1件	东二龛龛内西北	
62	风帽俑	1件	东二龛龛内西北	
63	胡人女骑马俑	1件	东二龛龛内东南部	
64	胡人女骑马俑	1件	东二龛龛内东南	
65	风帽俑	1件	东二龛龛口内北侧	
66	风帽俑	1件	东二龛龛口内北侧	
67	陶狗	1件	东二龛龛内中部	黄色斑点
68	陶羊	1件	东二龛龛内中间	黑色，吻部残
69	陶狗	1件	东二龛龛内中部	黑色斑点
70	陶狗	1件	东二龛龛内中部	黑色斑点
71	陶狗	1件	东二龛龛内中部	黄色斑点
72	陶羊	1件	东二龛龛内中部	黑色，吻部残
73	陶鸡	1件	东二龛龛内中部	
74	陶狗	1件	东二龛龛内中部	黄色斑点
75	陶狗	1件	东二龛龛内中部	黄色斑点
76	陶狗	1件	东二龛龛内中部	黑色斑点
77	陶羊	1件	东二龛龛内中部	
78	陶骆驼	1件	东二龛龛内东部	腿残，修复
79	胡人女骑马俑	1件	东二龛龛内东中部	
80	陶羊	1件	东二龛龛内东中部	白色
81	陶狗	1件	东二龛龛内口部南侧	黑色斑点
82	陶猪	1件	东二龛龛内口部南侧	
83	风帽俑	1件	东二龛龛内口部南侧	
84	陶羊	1件	东二龛龛内口部南侧	白色
85	陶羊	1件	东二龛龛内南侧	吻部残
86	陶羊	1件	东二龛龛内南侧	白色
87	胡人女骑马俑	1件	东二龛龛内南侧	
88	陶骆驼	1件	东二龛龛内南侧	腿残
89	反绾髻女俑	1件	东二龛龛内西南角	
90	幞头俑	1件	东二龛龛内西南角	
91	幞头俑	1件	东二龛龛内西南角	
92	回鹘髻女俑	1件	东二龛龛内西南角	
93	反绾髻女俑	1件	东二龛龛内西南角	
94	风帽俑	1件	东二龛龛内西南角	

续表

器物编号	名称	数量	出土位置	备注
95	幞头俑	1件	东二龛龛内西南角	
96	风帽俑	1件	东二龛龛内西南角	
97	反绾髻女俑	1件	东二龛龛内西南角	
98	反绾髻女俑	1件	东二龛龛内西南角	
99	风帽俑	1件	东二龛龛内西南角	
100	风帽俑	1件	东二龛龛内西南角	
101	陶猪	1件	东二龛龛口南侧	
102	陶猪	1件	东二龛龛口南部	
103	风帽俑	1件	东二龛龛口北部	
104	陶鸡	1件	东二龛龛口部偏中	白色，喙残
105	幞头俑	1件	东二龛龛内西北侧	足残
106	风帽俑	1件	东二龛龛内西南角	
107	立俑	1件	东二龛龛内西南	
108	小型回鹘髻女俑	1件	西二龛龛内中部	
109	回鹘髻女俑	1件	西二龛龛内西南	
110	陶牛	1件	西二龛龛内西南	
111	回鹘髻女俑	1件	西二龛龛内西南	
112	回鹘髻女俑	1件	西二龛龛内西南	
113	回鹘髻女俑	1件	西二龛龛内西南	
114	回鹘髻女俑	1件	西二龛龛内西南	
115	回鹘髻女俑	1件	西二龛龛内西南	
116	反绾髻女俑	1件	西二龛龛内西南	
117	回鹘髻女俑	1件	西二龛龛内西南	
118	回鹘髻女俑	1件	西二龛龛内西南	
119	回鹘髻女俑	1件	西二龛龛内西南	
120	反绾髻女俑	1件	西二龛龛内西南	
121	幞头俑	1件	西二龛龛内西南	
122	回鹘髻女俑	1件	西二龛龛内西南侧	
123	回鹘髻女俑	1件	西二龛龛内西南侧	
124	幞头俑	1件	西二龛龛内西侧中部	
125	回鹘髻女俑	1件	西二龛龛内西侧中部	
126	回鹘髻女俑	1件	西二龛龛内西侧中部	
127	回鹘髻女俑	1件	西二龛龛内西侧中部	
128	回鹘髻女俑	1件	西二龛龛内西侧中部	

续表

器物编号	名称	数量	出土位置	备注
129	回鹘髻女俑	1件	西二龛龛内中部偏西	
130	回鹘髻女俑	1件	西二龛龛内西侧	
131	回鹘髻女俑	1件	西二龛龛内西侧	
132	回鹘髻女俑	1件	西二龛龛内西侧	
133	回鹘髻女俑	1件	西二龛龛内西侧	
134	回鹘髻女俑	1件	西二龛龛内西侧	
135	回鹘髻女俑	1件	西二龛龛内西侧	
136	小型回鹘髻女俑	1件	西二龛龛内西侧	
137	回鹘髻女俑	1件	西二龛龛内西侧	
138	回鹘髻女俑	1件	西二龛龛内西侧	
139	回鹘髻女俑	1件	西二龛龛内西侧	
140	回鹘髻女俑	1件	西二龛龛内西侧	
141	回鹘髻女俑	1件	西二龛龛内西北侧	
142	回鹘髻女俑	1件	西二龛龛内西北	
143	回鹘髻女俑	1件	西二龛龛内西北	
144	回鹘髻女俑	1件	西二龛龛内西北	
145	回鹘髻女俑	1件	西二龛龛内西北侧	
146	回鹘髻女俑	1件	西二龛龛内西北侧	
147	回鹘髻女俑	1件	西二龛龛内西北侧	
148	回鹘髻女俑	1件	西二龛龛内西北	
149	回鹘髻女俑	1件	西二龛龛内西北	
150	回鹘髻女俑	1件	西二龛龛内西北	
151	回鹘髻女俑	1件	西二龛龛内西北侧	
152	回鹘髻女俑	1件	西二龛龛内西北角	
153	回鹘髻女俑	1件	西二龛龛内西北角	
154	风帽俑	1件	西二龛龛内西北角	
155	回鹘髻女俑	1件	西二龛龛内西北角	
156	反绾髻女俑	1件	西二龛龛内西侧	
157	回鹘髻女俑	1件	西二龛龛内西侧	
158	回鹘髻女俑	1件	西二龛龛内西侧	
159	回鹘髻女俑	1件	西二龛龛内西侧	
160	反绾髻女俑	1件	西二龛龛内西侧	
161	回鹘髻女俑	1件	西二龛龛内北侧	
162	回鹘髻女俑	1件	西二龛龛内北侧	

续表

器物编号	名称	数量	出土位置	备注
163	回鹘髻女俑	1件	西二龛龛内北侧	
164	反绾髻女俑	1件	西二龛龛内北侧	
165	风帽俑	1件	西二龛龛内北侧	
166	回鹘髻女俑	1件	西二龛龛内北侧	
167	回鹘髻女俑	1件	西二龛龛内北侧	
168	回鹘髻女俑	1件	西二龛龛内北侧	
169	反绾髻女俑	1件	西二龛龛内西北角	
170	风帽俑	1件	西二龛龛内西北角	
171	回鹘髻女俑	1件	西二龛龛内西北角	
172	回鹘髻女俑	1件	西二龛龛内西北角	
173	回鹘髻女俑	1件	西二龛龛内西北角	
174	墓志	1合	甬道南部	
175	镇墓武士俑	1件	甬道北部偏东	残
176	小型反绾髻女俑	1件	甬道北端	
177	陶塔式罐	1组	墓室东南角砖壁上	残，修复完整
178	小型回鹘髻女俑	1件	甬道，镇墓武士俑附近	头残佚
179	小型幞头俑	1件	甬道，镇墓武士俑附近	
180	小型反绾髻女俑	1件	甬道，镇墓武士俑附近	
181	小型立俑	1件	甬道，镇墓武士俑附近	头、足残佚
182	小型幞头俑头	1件	甬道，镇墓武士俑附近	仅存头部
183	小型立俑	1件	甬道，镇墓武士俑附近	上半身残佚
184	小型立俑	1件	甬道，镇墓武士俑附近	上半身残佚
185	铁券	1枚	第五天井南侧东西壁底部	
186	铁券	1枚	第五天井南侧东西壁底部	
187	幞头俑	1件		下半身残
188				销号
189	陶鸡	1件	东一龛龛内口部中部偏南	
190	回鹘髻女俑	1件	西二龛	
191	开元通宝铜钱	1枚	墓室扰土中	
192	陶塔式罐	1件	甬道北部	残，修复
193	陶盏	1件	甬道内扰土中	残
194	镇墓武士俑	1件	甬道北部	残
195	镇墓兽	1件	甬道北部	残
196	镇墓兽	1件	甬道北部	残
197	幞头俑	1件		下半身残

注：188号为修复所编空号，做销号处理。

附录一

唐昭容上官氏墓出土动物骨骼鉴定报告

胡松梅

（陕西省考古研究院）

2013年8月，陕西省考古研究院在陕西省咸阳市渭城区北杜镇邓村发掘了唐昭容上官氏墓。该墓墓室被毁严重，墓室内几乎无出土文物，但在墓室底中部出土有残碎骨骼若干。

起初发掘者认为这些残碎骨骼有可能是墓主人的遗骨，于是送到西北大学文化遗产学院体质人类学实验室，请陈靓博士进行鉴定，她认为是动物的骨头。于是发掘者将骨骼标本转交笔者进行鉴定。考虑到该墓葬的重要性，我们很快将出土的标本拿到泾渭基地动物标本实验室，由赵东红高级技工进行仔细的取土清理、拼对和粘接。经笔者鉴定发现骨骼解剖部位接近，应为同一个体的黄牛颅骨底部后段。

一、材料现状

标本为黄牛残颅骨底部后段1件（包括经过粘接的枕髁1件、左右基蝶骨残块各1件、左右鼓泡及舌突各1件、右颞骨残块1件）（见图1右下角部分），另有一些无法拼合的小碎块。

骨骼分散出土于墓室底相距较近的两个地方，但骨骼解剖部位接近，初步判断为同一头骨的不同部位。

枕髁1件（见图1右下角部分红线部分），最大宽95毫米（彩版七七1、2）。而靖边统万城M191∶D1黄牛枕髁最大宽87.21毫米，该标本枕髁略大于靖边统万城M191∶D1黄牛枕髁。

左右基蝶骨残块各1件（见图1右下角部分蓝线部分），右侧比左侧保存较多（彩版七七3）。和现生黄牛相比，卵圆孔小而厚，卵圆孔长9.16毫米，宽6.20毫米。

左右鼓泡及舌突各1件（见图1右下角部分绿线部分），右侧比左侧保存较多，右鼓泡保存较好，内空，呈不规则的扁圆形，最大宽50.65毫米（彩版七七4）。

左颞骨残块1件（见图1右下角部分黄线部分）（彩版七七5）。

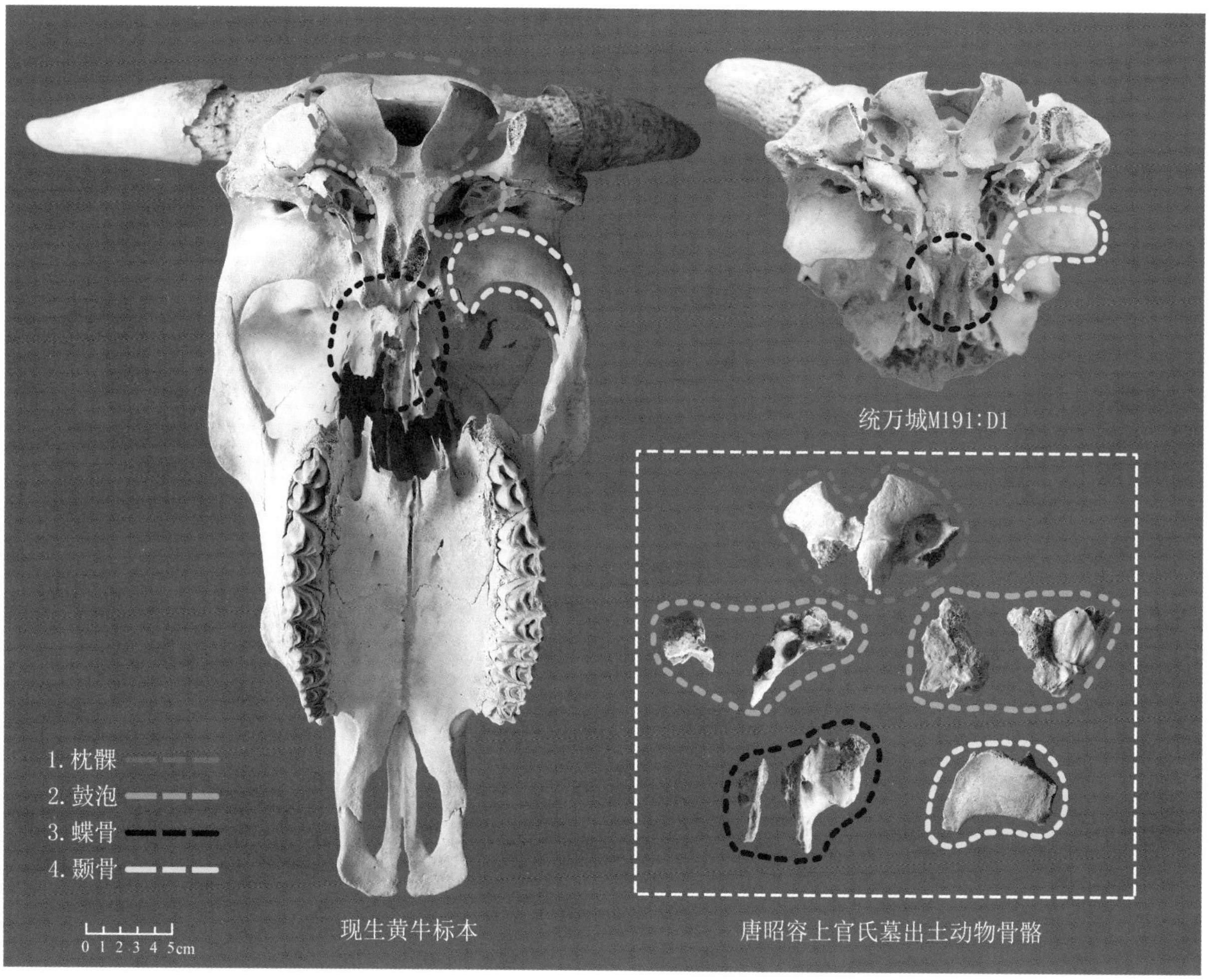

图1　唐昭容上官氏墓黄牛骨骼对比

二、鉴定结论

该墓葬出土的骨骼初步断定为黄牛同一个体残颅骨底部后段1件，但和统万城M191∶D1同一个体的黄牛头骨进行比对，也存在以下问题：鼓泡比统万城M191∶D1大得多，但卵圆孔比统万城M191∶D1小且厚得多，这让我们有点诧异，到底为一个个体还是不同个体？是亚种的差异还是性别的差异？都值得进一步商榷。之所以暂定为一个个体，是因为出土位置和骨骼部位接近，但又不能完全拼合。

进一步和陕西省考古研究院泾渭基地动物标本室的2件现生黄牛标本做对比，发现和现生黄牛雄性标本无论大小还是形状都非常接近（见表1）。

统万城M191∶D1的黄牛标本从测量数据看，可能更接近现生黄牛雌性标本（见表1）。进一步的研究还需要大量的现生黄牛作比对。

在墓室被严重毁坏的情况下，由于颅骨底部后段与头骨其他部位相比，较为致密坚硬，容易保存。

表1　唐昭容上官氏墓黄牛标本对比表

（单位：mm）

参数	唐昭容上官氏墓	统万城 M191：D1	现生标本 1（雄）	现生标本 2（雌）
枕髁最大宽	95	87.21	96.76	96.32
蝶骨卵圆孔（长，宽）	9.16，6.20	13.4，9.72（左）	9.78，6.46（左） 8.38，6.56（右）	13.71，9.08（左） 13.52，8.24（右）
鼓泡最大宽	50.65	40.55（左）	缺失	缺失

附录二

《唐昭容上官氏墓志》笺释

——兼谈唐昭容上官氏墓相关问题[①]

李 明 耿庆刚

（陕西省考古研究院）

2013年8月至9月，陕西省考古研究院在咸阳市渭城区北杜镇邓村发掘了唐昭容上官氏墓，出土墓志一合，保存完好[②]。墓主人上官氏，即唐代著名女诗人、政治家上官婉儿。该墓在考古发掘过程中即受到社会各界和学术界关注，也促使我们加快了考古发掘资料的整理进度。由于此方墓志是有关上官婉儿的第一手历史资料，具有非常重要的史料价值，于是更成为关注的焦点。为了响应关心考古工作的各界人士关于尽快公布墓志的呼声，践行陕西省考古研究院"服务社会"的方针，我们加快了整理和研究的进程，现将《唐昭容上官氏墓志》予以刊布，并作以浅注，同时结合考古发掘情况对相关问题开展初步探讨，以期抛砖引玉，就教于方家，并希望对理解和研究唐昭容上官氏墓的考古材料有所帮助。

一

唐昭容上官氏墓志一合，青石质，正方形。出土于甬道正中，出土时志盖覆于志石之上，上首皆朝北。志盖盝顶，高75、广73、厚12.5厘米。顶面正中阴刻篆书"大唐故昭容上官氏铭"，三行，行三字。顶面四周和四侧减地线刻牡丹纹带。四刹在整体联珠纹框内各减地线刻瑞兽一对，以牡丹花结为中心相对腾跃，形象特征统一为体表有斑纹，扫帚尾。上刹面瑞兽形似虎，脑后至项上长鬣飘拂；下刹面瑞兽与上刹面瑞兽基本相同，唯头顶生一对细长的角；左刹面瑞兽形似马，头顶生角，脑后至

① 本文原刊于《考古与文物》2013年第6期。

② 李明、耿庆刚：《陕西发掘唐昭容上官氏墓》，《中国文物报》，2013年9月11日第1版。

项上长鬣飘拂，肩部附有绶带形小翼；右刹面瑞兽形似鹿，头顶弯角分叉，无鬣，肩部附有绶带形小翼。志石高、广皆74、厚15.5厘米。划细线棋格，阴刻正书32行，满行33字，共计982字。四侧在整体联珠纹框内减地线刻十二生肖，衬以缠枝忍冬。生肖皆为动物形象，生动写实。志盖四刹和志石四侧的线刻图案造型优美、錾刻精细，在唐代墓志线刻装饰图案中属难得的上乘之作。

现将墓志转录并标点如次：

大唐故婕妤上官氏墓志铭　并序　/

夫道之妙者，乾坤得之而为形质；气之精者，造化取之而为识用。挻埴陶铸，合散消息，/不可备之于人，备之于人矣，则光前绝后，千载其一。婕妤姓上官，陇西上邽人也。其先/高阳氏之后。子为楚上官大夫，因生得姓之相继；女为汉昭帝皇后，富贵勋庸之不绝。/曾祖弘，随〔隋〕藤〔滕〕王府记室参军、襄州总管府属、华州长史、会稽郡赞持、尚书比部郎中，与/榖城公吐万绪平江南，授通议大夫。学备五车，文穷三变。曳裾入侍，载清长坂之衣冠；/杖剑出征，一扫平江之氛祲。祖仪，　皇朝晋府参军、东阁祭酒、弘文馆学士、给事中、太/子洗马、中书舍人、秘书少监、银青光禄大夫、行中书侍郎、同中书门下三品，赠中书令、/秦州都督、上柱国、楚国公、食邑三千户，波涛海运，崖岸山高，为木则揉作良弓，为铁则/砺成利剑。采摭殚于糟粕，一令典籍困穷；错综极于烟霞；载使文章全盛。至于跨蹑簪/笏，谋猷庙堂，以石投水而高视，以梅和羹而独步，官寮府佐，问望相趋，麟阁龙楼，辉光/递袭，富不期侈，贵不易交。生有令名，　天书满于华屋；没有遗爱，　玺诰及于穷/泉。父庭芝，左千牛、周王府属，人物本源，士流冠冕。　宸极以侍奉为重，道在腹心；王/庭以吐纳为先，事资喉舌。落落万寻之树，方振国风；昂昂千里之驹，始光人望。属楚国/公数奇运否，解印褰裳，近辞　金阙之前，远窜石门之外，并从流迸，同以忧卒。赠黄/门侍郎、天水郡开国公、食邑三千户。访以荒陬，无复藤城之榇；藏之秘府，空余竹简之/书。婕妤懿淑天资，贤明神助。诗书为苑囿，捃拾得其菁华；翰墨为机杼，组织成其锦绣。/年十三为才人，该通备于龙蛇，应卒逾于星火。　先皇拨乱返正，除旧布新，救人疾/苦，绍天明命。神龙元年，册为昭容。以韦氏侮弄国权，摇动　皇极。贼臣递构，欲立爱/女为储；爱女潜谋，欲以贼臣为党。昭容泣血极谏，扣心竭诚，乞降　纶言，将除蔓草。/先帝自存宽厚，为掩瑕疵，昭容觉事不行，计无所出。上之，请擿伏而理，言且莫从；中之，/请辞位而退，　制未之许；次之，请落发而出，卒为挫衄；下之，请饮鸩而死，几至颠坠。/先帝惜其才用，愍以坚贞，广求入腠之医，纔救悬丝之命，屡移朏魄，始就痊平。表请退/为婕妤，再三方许。暨　宫车晏驾，土宇衔哀。政出后宫，思屠害黎庶；事连外戚，欲倾/覆　宗社。皇太子冲规参圣，上智伐谋，既先天不违，亦后天斯应，拯　皇基/于倾覆，安　帝道于艰虞。昭容居危以安，处险而泰。且陪　清禁，委运于乾坤之/间；遽冒铦锋，亡身于仓卒之际。时春秋四十七。　皇鉴昭临，　圣慈轸悼，爰造　/制命，礼葬赠官。太平公主哀伤，赙赠绢五百匹，遣使吊祭，词旨绸缪。以大唐景云元年/八月二十四日，窆于雍州咸阳县茂

道乡洪渎原，礼也。龟龙八卦，与红颜而并销；金石/五声，随白骨而俱葬。其词曰：/

巨阀鸿勋，长源远系，冠冕交袭，公侯相继。爰诞贤明，是光锋锐，宫闱以得，若合符契。其一。/潇湘水断，宛委山倾，珠沉圆折，玉碎连城。甫瞻松槚，静听坟茔，千年万岁，椒花颂声。其二。/

二

上官昭容（664～710年），唐西台侍郎、同东西台平章事上官仪之孙，周王府属上官庭芝女，中宗昭容，《旧唐书》卷五十一、《新唐书》卷七十六有传，两《唐书》本传曰名婉儿。《唐昭容上官氏墓志》（以下简称《墓志》）系唐代第一手官方资料，不名，因此我们也只称志主为上官昭容。

《墓志》首题称“婕妤”而不称“昭容”，缘于后文有言：“请退为婕妤，再三方许。”唐制，昭容为皇帝九嫔第二级，仅次于昭仪，正二品阶；婕妤为代世妇之一，正三品阶。《新唐书》卷七十六《上官昭容传》：“郑（按指上官昭容母郑氏）卒，谥节义夫人。婉儿请降秩行服，诏起为婕妤，俄还昭容。”①《墓志》又言“昭容居危以安，处险而泰”，则又以昭容称之，《新唐书》本传所言不虚，径称昭容可也。

《全唐文》卷十六存有中宗皇帝批复门下省的《起复上官氏为婕妤制》，开篇即曰：“前昭容上官氏，相门积善，儒宗雅训，文学冠时，柔嘉顺则。”② 可对应《新唐书》本传的上述记载。

两《唐书》上官仪本传皆曰：“上官仪，本陕州陕人也。”《墓志》曰：“婕妤姓上官，陇西上邽人也。”《元和姓纂》将上官仪一支著籍东郡。按陕州陕县即今河南陕县，陇西上邽即今甘肃天水，汉代东郡即今河南濮阳。依《元和姓纂》所记，上官氏总籍“陇西之上邽”，东郡一支亦是由天水所分，溯其源流，盖自称“陇西上邽人”亦不为过。

所谓高阳氏，即上古传说中五帝之一的颛顼。《史记》卷四十《楚世家》：“楚之先祖出自帝颛顼高阳。高阳者，黄帝之孙，昌意之子也。”《元和姓纂》卷七上官氏条：

楚怀王子兰为上官邑大夫，因氏焉。秦灭楚，徙陇西之上邽。汉右将军、安阳侯桀，生安，桑乐侯，女为昭帝皇后，拜车骑将军，以反诛。裔孙胜。③

正对应《墓志》所言：“子为楚上官大夫，因生得姓之相继；女为汉昭帝皇后，富贵勋庸之不绝。”

---

① 〔宋〕欧阳修、宋祁撰：《新唐书》，中华书局，1975年，页3488。

② 〔清〕董浩等编：《全唐文》，中华书局影印，1983年，页198。

③ 〔唐〕林宝撰，岑仲勉校记：《元和姓纂》，中华书局，1994年，页1082。方括号内为笔者据岑校所改本字或脱字，下同。

《墓志》追述志主先祖自其曾祖父上官弘始。上官弘，史无传，在《旧唐书》卷八十《上官仪传》前提及“父弘，隋江都宫副监，因家于江都。大业末，弘为将军陈稜所杀”。《墓志》记载的上官弘历官为“隋藤王府记室参军、襄州总管府属、华州长史、会稽郡赞持、尚书比部郎中……授通议大夫”，可补史缺。隋藤王即滕王杨瓒，隋文帝杨坚母弟。赞持即赞治，唐人避高宗讳改治为持。隋代赞治为郡之长贰，在郡仅次于太守，例同一州之长史。吐万绪，《隋书》卷六十五有传，代郡鲜卑人，隋封谷城郡公，领行军总管参与平陈。

上官昭容祖父上官仪，两《唐书》有传，曾任高宗朝宰相，亦是初唐诗坛之翘首，有文集三十卷，不存，《全唐诗》辑有其诗作，其事迹较为清晰。《墓志》记录的上官仪历官包括勋官、散阶、赠官多达十二种，多与本传相同，但“晋府参军、东阁祭酒”未见记载。唐高宗即位前封为晋王，上官仪后官至宰相，或与曾任“晋府参军”，属于李治晋府旧臣有一定关系。

上官昭容父上官庭芝，无专传，附其父上官仪传曰：“子庭芝，历位周王府属，与仪俱被杀。”而《墓志》对于上官仪与上官庭芝之死，以曲笔代过曰：“属楚国公数奇运否，解印褰裳，近辞金阙之前，远窜石门之外，并从流迸，同以忧卒。”《新唐书》说上官庭芝以上官昭容故追赠为“黄门侍郎、岐州刺史、天水郡公，仍令以礼改葬”，符合《墓志》中所说的：“访以荒陬，无复藤城之椁；藏之秘府，空余竹简之书。”

2004 年，西安南郊高阳原隋唐墓地曾发掘出土天宝六载（747 年）《唐韩敬峤妻王氏墓志》①，撰文者署名上官经野撰，结衔为“右千牛中郎、天水郡开国公”。按《元和姓纂》卷七上官氏条：

> 上官先元〔玄〕孙迥，后周定襄太守。孙弘，隋比部郎中、江都总监，因居扬州；生仪，西台侍中、平章事，二子庭芝、庭璋。庭芝，周王府属，生怡〔昭〕容。庭璋，太子仆射，生经野、经国、经纬。经纬生诏，侍御史。

可知上官仪有二子：庭芝、庭璋。庭芝无子，生上官昭容；经野为庭璋子。既然上官经野爵“天水郡开国公”，那么我们有理由推测：上官经野以从子的身份作为嗣子袭上官庭芝追赠之爵位，从而保证上官氏家族继续享有爵禄，这极有可能是与当时改葬上官庭芝同时进行的，出于上官昭容的安排。

《墓志》序文用将近一半的篇幅连篇累牍地叙述上官昭容祖父三代的历官，夸耀其事迹文采，一是出于唐代墓志撰写的习惯（上官仪曾任宰相，也确实值得夸耀一番），再者无非是为后文将志主事迹略写而挤占篇幅。

三

《墓志》对于志主经历的描述极为简略，只有几个时间节点，我们不妨一一予以分析。

① 《唐韩敬峤妻王氏墓志》，陕西省考古研究院编：《长安高阳原新出土隋唐墓志》，文物出版社，2016 年，页 191 ~ 192。

1. 年十三为才人

上官氏“年十三为才人”，当系于上元三年或仪凤元年（676 年）。才人，是正五品女官。《新唐书》本传记载，上官氏“年十四，武后召见，有所制作，若素构”。是被武则天所发现和起用，“自通天以来，内掌诏命，掞丽可观。……然群臣奏议及天下事皆与之”。《墓志》略而不书，并未提及当年“武太后”与上官氏的关系，具有显而易见的选择性。“先皇”指唐中宗李显。所谓“拨乱返正，除旧布新”，是指李显在神龙元年复唐国号。

2. 神龙元年册为昭容

《墓志》明确说上官氏在神龙元年（705 年）册为昭容，可知时年 42 岁。以下叙事，皆以“昭容”称之。

3. 表请退为婕妤

前文已揭，上官昭容曾因母郑氏卒而请降秩行服，后中宗诏起为婕妤，俄还昭容。《墓志》对此付之阙如，而《资治通鉴》将此事系于景龙二年（708 年）十一月[①]。根据墓志叙述顺序，上官昭容此次“表请退为婕妤”应是针对韦后弄权和安乐公主争立“皇太女”事，文献未见记载而《墓志》所述却很是生动。关于韦后之乱，历史记载很清楚，此不赘述。行文至此，《墓志》用大量篇幅和艺术化的语言叙述上官昭容极力与韦后、安乐一党划清界限，甚至不惜“请饮鸩而死，几至颠坠”。《墓志》撰文者在此替上官昭容明确表明她的政治立场，结合史书记载中宗驾崩后婉儿与太平公主合谋，于遗制中引“相王旦参谋政事”，试图牵制韦后分析，其在中宗朝后期与相王、太平公主属于同一阵营，而非韦后一党。

4. 亡身于仓卒之际

景云元年（710 年），上官昭容卒，年四十七，当生于麟德元年（664 年）。《旧唐书》卷八十《上官仪传》：“麟德元年，宦者王伏胜与梁王忠抵罪，许敬宗乃构仪与忠通谋，遂下狱而死，家口籍没。”上官氏生与父庭芝死为同一年。

关于上官昭容的死因，《墓志》曰：“昭容居危以安，处险而泰。且陪清禁，委运于乾坤之间；遽冒铦锋，亡身于仓卒之际。”意即其死于政变的兵锋之下。对于上官昭容之死，《资治通鉴》描述得较为详细：“及隆基入宫，昭容执烛帅宫人迎之，以制草示刘幽求。幽求为之言，隆基不许，斩于旗下。”[②] 所谓的“仓卒之际”，即代指李隆基所发动的唐隆政变。

《墓志》中的“皇太子”即后来的唐玄宗李隆基。李隆基在发动唐隆政变的时候身份是临淄郡王。《旧唐书》卷八《玄宗本纪》：“七月己巳，睿宗御承天门，皇太子诣朝堂受册。是日有景云之瑞，改元为景云，大赦天下。”[③] 是时，李隆基刚刚册为皇太子，可以推定《墓志》的撰写时间是在景云元年

① 〔宋〕司马光编著：《资治通鉴》，中华书局，1956 年，页 6630。
② 〔宋〕司马光编著：《资治通鉴》，中华书局，1956 年，页 6646。
③ 〔后晋〕刘昫等撰：《旧唐书》，中华书局，1975 年，页 168。

七月二十日至八月二十四日之间。

《旧唐书》卷七《中宗本纪》:“六月壬午，帝遇毒，崩于神龙殿，年五十。……庚子，夜，临淄王讳举兵诛诸韦、武，皆枭首于安福门外，韦太后为乱兵所杀。”考长历，景龙四年六月辛巳朔，壬午为初二日，庚子为二十日。《旧唐书》卷五一《上官昭容传》:“及韦庶人败，婉儿亦斩于旗下。”上官昭容亦当为六月二十日卒，当年八月二十四日即葬，自卒及葬，仅有两个月时间。

同为政变中被杀，唐廷对上官昭容与韦后、安乐公主的认定是完全不同的。《墓志》对上官昭容的评价是“婕妤懿淑天资，贤明神助。诗书为苑囿，捃拾得其菁华；翰墨为机杼，组织成其锦绣”，颇多赞誉；张说执笔的《昭容上官氏碑铭》赞美她“外图邦政，内谂天子。忧在进贤，思求多士”①。唐隆政变第二天（辛丑）以殇帝重茂（温王）名义颁布的制书，罗列一干罪臣名讳与罪状，不见上官昭容名列其中②。而《旧唐书·后妃传》说韦后和安乐公主被枭首展于东市，“翌日，敕收后尸，葬以一品之礼，追贬为庶人。安乐公主葬以三品之礼，追贬为悖逆庶人”。长安区博物馆收藏的《安乐公主墓志》明确称志主为“大唐故勃〔悖〕逆宫人”，评价她“德不建兮身招耻”③。

四

那么这篇墓志铭竟是出于何人之托呢?《墓志》能不能读出上官昭容墓被毁的原因呢?

在开元以前的唐代墓志，一般是不署撰、书者姓名的，此篇墓志文无撰文者信息，符合时代特征，并不是出于刻意的安排。按照唐代墓志撰写的惯例，撰文者大多会在序文末尾对出资制作墓志的请托人（一般是志主的子女或家庭重要成员）点名奉承一番，以昭显后者的孝友或慷慨。《唐昭容上官氏墓志》也不能免俗，即便文面上的请托人是当时的睿宗皇帝。但是接下来，特殊的情况出现了——志文明言:“太平公主哀伤，赙赠绢五百匹，遣使吊祭，词旨绸缪。”撰文者在这里毫不掩饰太平公主痛惜上官氏之死的感情，很显然是特意交代。我们不妨尝试分析太平公主与上官昭容的关系。首先，太平公主与上官昭容同龄，“太平公主者，高宗少女也。以则天所生，特承恩宠。初，永隆年降驸马薛绍”④。设若永隆年（681年）降驸马薛绍时年十六，则太平公主应生于麟德二年（665年）前后，正与生于麟德元年（664年）上官昭容同龄。其次太平公主与上官昭容同在宫中长大，具备频繁接触的条件。再次，上官昭容曾与武氏过从甚密，而太平公主的第二任驸马武攸暨正是武氏家族成员。太平公主与上官昭容有私交和相同政见是完全有可能的。

景云元年的太平公主，正处于协助李隆基平韦后之乱并支持睿宗登基的政治全盛时期。史载:“公

① 〔唐〕张说:《昭容上官氏碑铭》,〔宋〕李昉等编:《文苑英华》，中华书局，1966年，页4911。

② 〔宋〕王钦若等编纂、周勋初等校订:《册府元龟（校订本）》，凤凰出版社，2006年，页199。

③ 孟宪实:《〈安乐公主墓志〉初探》，西安碑林博物馆编:《纪念西安碑林九百二十周年华诞国际学术研讨会论文集》，文物出版社，2008年，页315~316。

④ 〔后晋〕刘昫等撰:《旧唐书》，中华书局，1975年，页4738。

主……每入奏事，坐语移时，所言皆听。荐人或骤历清职，或至南北衙将相，权移人主。军国大政，事必参决，如不朝谒，则宰臣就第议其可否。”① 结合《墓志》“词旨绸缪”的描述，不难想象，上官昭容的安葬，太平公主有游说睿宗的莫大之功。而实际上上官昭容葬礼的资助者正是当时踌躇满志的太平公主。

太平公主不但资助上官昭容的葬礼，还主张为已逝的后者编纂文集。对上官昭容政治、文学评价最完整的文献是张说所撰的《唐昭容上官氏文集序》，赞其“两朝专美，一日万机，顾问不遗，应接如响。虽汉称班媛，晋誉左嫔，文章之道不殊，辅佐之功则异”②。《旧唐书》记载：“玄宗令收其诗笔，撰成文集二十卷，令张说为之序。”《新唐书》系年于开元初。直到陈祖言作《张说年谱》，才认为此说有误，将张说此序写作时间系于景云二年（711 年）③，可谓灼见。序文末段叙述编纂文集的缘起提到：“镇国太平公主，道高帝妹，才重天人，昔尝共游东壁，同宴北渚，倏来忽往，物在人亡。悯雕管之残言，悲素扇之空曲。上闻天子，求椒掖之故事；有命史臣，叙兰台之新集。”由此可知请为上官昭容编纂文集的正是太平公主，“上表”的对象应是其兄唐睿宗，而不可能是后来的唐玄宗。

太平公主的丈夫定王、驸马都尉武攸暨延和元年（712 年）卒。他死后仅仅一年时间，先天二年（713 年）七月太平公主因谋逆赐死，“令平毁其墓”④。平定太平公主叛乱的是李隆基，下令毁武攸暨墓的人，无疑也是这位刚刚即位一年的新皇帝。太平公主对死于李隆基之手的上官昭容高调示好，难免令后者衔忿迁怒。毁的是上官昭容的墓，打的却是太平公主的脸。我们认为，上官昭容墓之毁，应与武攸暨墓之毁同时。

值得注意的是，上官昭容以前的大靠山武三思也被毁了墓。先是，睿宗即位之初，就“以三思父子俱有逆节，制令斫棺暴尸，平其坟墓”⑤。在 8 世纪的初叶，毁墓和建新墓⑥似乎成了掌权者发泄怨愤和表达态度的极端方式，这种行为背后的政治因素纠缠着几代人对绝对权力的欲望。上官昭容作为权力斗争的参与者和牺牲品，既然已经搭上了卿卿性命，又何惜身后的一座墓？

五

张说撰《昭容上官氏碑铭》计 150 字存留至今，然而考古发掘时我们特意对墓葬以南进行了大面积勘探，并未发现《昭容上官氏碑》。唐代有碑志之序、铭分别请人撰写的先例。《上官昭容氏碑铭》篇题注“齐公叙不录”，铭文亦提到“或穆齐公，叙其明德”，可见该碑序文由齐国公崔日用所撰。仇

---

① 〔后晋〕刘昫等撰：《旧唐书》，中华书局，1975 年，页 4739。
② 〔清〕董浩等编：《全唐文》，中华书局影印，1983 年，页 2275。
③ 陈祖言：《张说年谱》，香港中文大学出版社，1984 年，页 32。
④ 〔后晋〕刘昫等撰：《旧唐书》，中华书局，1975 年，页 4738。
⑤ 〔后晋〕刘昫等撰：《旧唐书》，中华书局，1975 年，页 4736。
⑥ 章怀太子墓、懿德太子墓、永泰公主墓即是建新墓的典型代表，这三座墓的规模在有唐一代无出其右。

鹿鸣在《上官婉儿之死及平反》一文中认为："崔日用在唐隆政变中立下大功，因获封齐国公，其于景云元年七月入相，但仅月余便因与薛稷不合而遭罢相，寻出为扬州长史，历婺、汴二州刺史，兖州都督，荆州长史。因而景云二年七月，崔日用并不在长安，自不可能为上官婉儿神道碑作序。""神道碑与墓志应作于同时"[①]，其说甚是。然而我们认为在景云至先天年间，对于上官昭容不存在"平反"的问题，实际情况是：唐睿宗在太平公主的游说下给了上官昭容肯定的评价，而唐玄宗上台后并不认可。

唐代神道碑一般是在下葬之后数年甚至十数年才树立，如果上述毁墓时间的推论成立，那么该墓根本就不具备立碑的条件。张说受托写就碑铭，但文本未毁弃，因而被传抄存留至今；崔日用所作的《上官昭容氏碑》序文因种种原因不幸湮没。

上官昭容还曾被"追谥"为"惠文"，但这是下葬之后的事，《墓志》制作于下葬之前，不可能有记载。《唐会要》卷八十："惠文，赠昭容上官氏。景云二年七月追谥。……以其有功，故此追赠。"[②]《资治通鉴》卷二一〇亦记载："（景云二年）秋，七月，癸巳，追复上官昭容，谥曰惠文。"[③] 谥号是对官员生平贡献和人品行事的官方集中评价，在唐代有诸多限制，"诸职事官三品以上、散官二品以上身亡者，佐史录行状申考功，考功责历任勘校，下太常寺拟谥讫，复申考功，於都堂集内省官议谥，然后奏闻"，谥号是经过群臣集议而定，非皇帝个人的专权行为。唐代女性得谥者仅见于皇后与几位公主，上官昭容得谥堪称殊荣，另一庶姓女性得谥的特殊案例，乃武则天之母杨氏，赠谥"贞烈"。

上官昭容身后事可谓一波三折：景云元年（710 年）八月以昭容身份葬，太平公主赙赠甚厚，张说为其撰写碑铭；景云二年（711 年）追复昭容，追谥惠文，太平公主上表编纂《上官昭容集》，张说作序；先天二年（713 年），太平公主被赐死，与太平公主关系甚密的上官昭容之墓遭到"官方毁墓"。这种做已逝者文章的行为，折射出了唐代政治斗争的惨烈与诡谲。

《墓志》称葬地为"雍州咸阳县茂道乡洪渎原"。雍州为唐京畿所在，唐武德二年分泾阳、始平置咸阳县，治杜邮（今咸阳市东）。武则天母杨氏顺陵即在县界。茂道乡名为首见，其辖境无考。洪渎原为北朝以来沿袭之地名，大致范围为今咸阳市渭城区所辖渭河以北、泾河以南，咸阳市市区以东、汉阳陵以西的区域。此处所在地势高亢，泉深土厚，与汉、唐长安城隔渭水相望，自汉代以来即为京城以北的高等级墓葬区，原上有西汉帝陵、北周帝陵和大量十六国、北朝、隋、唐王公贵族墓葬。以上官昭容正二品的身份，葬于洪渎原并无不可。

按照唐代的丧葬礼仪，已嫁女子从夫葬，未嫁女子从父葬。按照一般判断，上官氏系唐中宗所册昭容，理应陪葬定陵。然而，上官昭容于李唐皇室有隙，又系横死，不能获陪葬帝陵也在情理之中。那么，唐代有司为上官昭容选择的墓地仅仅是因为洪渎原是历史上传统的贵族墓葬区吗？还是存在其他更为直接的理由？我们期待着接下来的考古发现能揭开这个谜底。

---

① 仇鹿鸣：《上官婉儿之死及平反》，《东方早报》，2013 年 9 月 22 日 B03 版。

② 〔宋〕王溥撰：《唐会要》，中华书局，1955 年，页 1476～1477。

③ 〔宋〕司马光编著：《资治通鉴》，中华书局，1956 年，页 6666。

附录三

论唐代的“毁墓”

——以唐昭容上官氏墓为例[①]

李　明

（陕西省考古研究院）

在重视孝行与尊崇祖先的中国古代，茔地和墓葬是祖先的代表，结庐守墓被认为是孝行的最高表现形式。直至当代，这种观念依然深入人心。在中国文化里，所谓“掘人祖坟”，在行为实施者和对象双方看来，即使是仅仅停留在口头层次的，都带有深刻的诅咒意味。

然而，不以盗取墓内随葬品为目的的毁墓辱尸的行为，古已有之。《史记·伍子胥列传》载：“及吴兵入郢，伍子胥求昭王。既不得，乃掘楚平王墓，出其尸，鞭之三百，然后已。”《三国志·董卓传》裴注引《英雄传》说董卓“发何苗棺，出其尸，枝解节弃于道边”。楚平王之于伍子胥有家仇，毁墓辱尸是出于个人泄愤的目的，董卓发何苗棺是为了“严刑胁众”，皆为人所诟病。到了唐代，毁墓行为忽然集中大量出现，除了泄愤以外，更多是最高统治者出于威慑政治对手的动机，因而形成近乎“通例”，自武则天起，唐睿宗、唐玄宗、唐代宗都有下诏毁墓的冲动。这种看似有悖常伦的行为背后隐藏着深刻而复杂的政治斗争和心理威慑因素。本文仅就唐代的毁墓现象作以分析，并以唐昭容上官氏墓为例，推断唐代毁墓的过程，辨明其目的，将一贯认为的包容博大的唐代社会的另一面展现出来，或许有助于我们进一步了解唐代政治和社会生活。

一、文献记载的唐代毁墓例证

两唐书中多处记载毁墓事例，《资治通鉴》等书亦大体相同。兹举例如下：

---

① 本文原刊于《考古与文物》2015 年第 3 期。

李勣墓和李震墓　徐敬业起兵反对武则天，“则天命左玉钤卫大将军李孝逸将兵三十万讨之”同时，迫不及待地于光宅元年（684 年）“追削敬业祖、父官爵，剖坟斫棺，复本姓徐氏”①，以儆效尤。

郝象贤父母、郝处俊坟墓　垂拱中（685～688 年），郝处俊孙太子通事舍人郝象贤坐事伏诛，临刑言多不顺。“则天大怒，令斩讫仍支解其体，发其父母坟墓，焚爇尸体，处俊亦坐斫棺毁柩。”② 肢解人犯尸体还不够，还要挖开其父母坟墓，焚烧尸体，进而挖开其祖父坟墓，毁坏棺柩（注：在床曰尸，在棺曰柩），何其酷烈也！

刘伯英棺柩　天授中（690～692 年），雅州刺史刘行实兄弟被侍御史来子珣诬以谋反诛，“又于盱眙毁其父左监门大将军伯英棺柩”③。

武三思、武崇训父子墓　神龙三年（709 年）七月，太子李重俊发兵杀武三思及其子安乐公主驸马武崇训。“太子既死，中宗为三思举哀，废朝五日，赠太尉，追封梁王，谥曰宣。安乐公主又以节愍太子首致祭于三思及崇训灵柩前。睿宗践祚，以三思父子俱有逆节，制令斫棺暴尸，平其坟墓。”④

韦氏家族“荣先陵”　中宗韦皇后父玄贞及四兄弟皆流放而死。中宗反正后迎玄贞柩至长安，赠酆王，谥文献，号庙曰褒德，陵曰荣先，置令丞，给百户扫除。四子皆赠郡王，并葬京师，考古发现韦氏四兄弟墓葬规模和随葬品皆逾制。及韦皇后败亡，被贬为庶人，其父墓葬自然不得再称为“陵”，“睿宗夷玄贞、洵坟墓，民盗取宝玉略尽。天宝九载，复诏发掘，长安尉薛荣先往视，冢铭载葬日月，与发冢日月正同，而陵与尉名合云”⑤。

太平公主驸马武攸暨墓　定王、驸马都尉武攸暨延和元年（712 年）卒。他死后仅仅一年时间，先天二年（713 年）七月太平公主因谋逆赐死，“令平毁其墓”⑥。

元载祖、父坟　宰相元载擅权积恶，代宗深恶之。大历十二年（777 年）五月收元载及其妻子党羽，“乃下诏赐载自尽，妻王及子扬州兵曹参军伯和、祠部员外郎仲武、校书郎季能并赐死，发其祖、父冢，斫棺弃尸，毁私庙主及大宁、安仁里二第，以赐百官署舍，披东都第助治禁苑”⑦。

以上因子孙、亲属谋逆或忤逆而遭毁墓的例子，是我们所要讨论的唐代毁墓现象的主流。在唐代也有私自毁墓的情况发生：宪宗时，检校司空平章事充幽州、卢龙等军节度使张弘靖初入幽州“以禄山、思明之乱，始自幽州，欲于事初尽革其俗，乃发禄山墓，毁其棺柩，人尤失望”⑧。还有一种情况是因战乱毁墓：大历十二年（777 年），镇海军节度使韩滉为了防备泾原兵变，令偏将丘涔监督整修石头城军

① 〔后晋〕刘昫等撰：《旧唐书》，中华书局，1975 年，页 2491。
② 〔后晋〕刘昫等撰：《旧唐书》，中华书局，1975 年，页 2801。
③ 〔后晋〕刘昫等撰：《旧唐书》，中华书局，1975 年，页 2923。
④ 〔后晋〕刘昫等撰：《旧唐书》，中华书局，1975 年，页 4736。
⑤ 〔宋〕欧阳修、宋祁撰：《新唐书》，中华书局，1975 年，页 5845。
⑥ 〔后晋〕刘昫等撰：《旧唐书》，中华书局，1975 年，页 4738。
⑦ 〔宋〕欧阳修、宋祁撰：《新唐书》，中华书局，1975 年，页 4714。
⑧ 〔后晋〕刘昫等撰：《旧唐书》，中华书局，1975 年，页 3611。

备。“涔酷虐士卒，日役千人，朝令夕办，去城数十里内先贤丘墓，多令毁废。”① 因整修城防取材而毁坏古代墓葬，虽然造成的结果相同，但主观意识和动机完全不同，可排除在本文研讨范围之外。

至于唐末朱温毁坏唐代帝陵，其目的是充实军费，属于“公开盗墓”性质，而不是“毁墓”，亦不在本文讨论之列。

二、考古发现的疑似唐代毁墓现象

笔者所参与的考古发掘中，经常见到被破坏的唐代墓葬，但绝大多数系盗掘所致。古代墓葬被盗与否很容易发现，早期盗洞或近代盗洞大多直通墓室、壁龛这些存放随葬器物的墓葬地下结构，其目的很明显，就是盗取墓内有经济价值的随葬品。而有的墓葬被破坏得非常严重，直接特征是墓室铺地砖被揭去，墓室顶部完全塌陷，墓室内几乎空无一物，墓主棺椁遗体消失。这种规模的破坏，完全区别于一般的盗洞扰乱，不可能是盗墓者所为，我们分析其原因如下：其一，盗墓行为的动机是攫取墓室内有经济价值的随葬器物，其原则是尽可能在短时间内获取最大利益，这就决定了盗墓者不可能花费不必要的时间和精力去完全毁坏墓室。其二，自古至今盗墓都是非法行为，这勾当的另一原则是不引人注意，就连流氓军阀孙殿英盗掘清东陵都要打着“军事演习”的旗号，盗墓者没有必要大张旗鼓毁坏墓葬引人注意，因而毁墓与盗墓的考古迹象之区别是非常明显的。如前文所述，唐代毁墓的对象皆为当世名人、高官巨宦，这是毁墓的动机所决定的。以下举例说明：

（一）英国公李勣夫妇墓

有明确记载遭毁墓而又经考古发掘的唐代墓葬，只有英国公李勣夫妇墓一例。李勣陪葬昭陵，起冢象阴山、铁山、乌德鞬山，以旌破突厥、薛延陁之功。该墓全长63.75米，有4个天井、砖券甬道和墓室，墓前有石刻和御书神道碑，规模较大②。李勣夫妇墓被毁，文献有明确记载，前文已揭。重要的是该墓毁而复修。“中宗返正，诏曰：‘故司空勣，往因敬业，毁废坟茔。朕追想元勋，永怀佐命。昔窦宪干纪，无累安丰之祠；霍禹乱常，犹全博陆之坠。罪不相及，国之通典。宜特垂恩礼，令所司速为起坟，所有官爵，并宜追复。’”③ 从墓葬现存的状况，看不出多少当初毁墓的痕迹。《发掘简报》描述：“此墓多蒙劫难，不但已朽的棺木成条块状散乱迭压，衣物零散且已成灰，无法提取，而且几乎连一件较完整的陶俑或瓷器也没有。”在结语中结合发掘材料详细论述：“发掘结果不只印证了史书关于李勣墓毁而复修的记载，而且补充了中宗即位后诏‘葺完茔冢’时曾进行了再葬这一事实。”

考古发掘时发现，三梁进德冠、鎏金铜铐带、鎏金铜组佩和金铜装班剑都出土于棺床上，《发掘简

① 〔后晋〕刘昫等撰：《旧唐书》，中华书局，1975年，页3601。
② 昭陵博物馆：《唐昭陵李勣（徐懋功）墓清理简报》，《考古与文物》2000年第3期。
③ 〔后晋〕刘昫等撰：《旧唐书》，中华书局，1975年，页2492。

报》说：“‘三梁进德冠’是扣放在棺床上的，从残蚀的情况看，未曾接触过尸体。”既然经过“剖坟斫棺”，李勣夫妇的遗体必定在当时已遭毁坏，“三梁进德冠扣放在棺床上”这一细节，说明墓室内的随葬器物都是中宗复修李勣墓并再葬时重新置办安放的。

（二）陇西郡王李博乂夫妇墓

2004年，陕西省考古研究所在西安市长安区郭杜街办西北大学新校区发掘了唐陇西郡王李博乂夫妇墓①。该墓是一座初唐时代的大型壁画墓，南北全长57.25米，有5个天井和3个砖券墓室（图1）。30余件随葬陶俑全部出土于壁龛内。第一甬道内残留一块墓志盖，上刻“大唐故礼部尚书检校宗正卿上柱国赠开府仪同三司荆州大都督陇西郡王妃王氏志铭”，证实此墓是唐陇西郡王李博乂暨王妃王氏合葬墓。

图1　唐陇西郡王李博乂夫妇墓被毁的墓室

① 陕西省考古研究院发掘资料，待刊。

该墓特殊之处，在于其有前、中、后三个砖券墓室，通过三个砖券甬道与墓道南北贯通。发掘迹象表明该墓曾遭严重破坏，墓室、甬道的顶部和四壁无存，第二甬道之后的铺地砖被撬光，仅部分壁面的墙根处保留有少许砌砖（图2）。甬道内的砖封门和石门被完全破坏，残留有部分石门构件残块。墓室内未见任何随葬品、葬具和遗骨。

图2　唐陇西郡王李博乂夫妇墓被毁后残留的甬道和墓室砖墙

墓主李博乂系李唐宗室，高祖兄子，历宗正卿、礼部尚书，加特进。《旧唐书》中李博乂的传记只有短短的二百余字，但字里行间可以读出作者对主人公明显的贬意。李博乂身为高官显贵、皇室宗亲，却骄奢淫逸，不思上进，“有妓妾数百人，皆衣罗绮，食必粱肉，朝夕弦歌自娱，骄侈无比，与其弟渤海王奉慈俱为高祖所鄙”①。唐太宗曾赐其绢二百匹，令“买经史习读”，这样的讥讽仍不能令其回头，反而做出僭越墓葬制度的逆行。

李博乂薨于咸亨二年（671年），根据墓葬形制和随葬品的风格来看，该墓的时代确属于唐高宗时期。再据王氏墓志盖上的语气推测，王氏应死于博乂之薨后，系祔葬。该墓的下葬年代应该在咸亨二年之后，墓葬被毁应距下葬时间不久。

（三）昭容上官氏墓

2013年，陕西省考古研究院在咸阳市渭城区北杜镇邓村发掘了唐昭容上官氏墓。该墓南北全长39米，有5个天井和砖券墓室。据出土墓志记载，墓主即闻名遐迩的唐中宗昭容上官氏，下葬于景云元年（710年）八月②。

① 〔后晋〕刘昫等撰：《旧唐书》，中华书局，1975年，页2356～2357。

② 李明、耿庆刚：《陕西咸阳唐昭容上官氏墓》，《2013中国重要考古发现》，文物出版社，2014年。

考古发掘发现，该墓第四天井以北的结构遭到大规模破坏。第四、第五天井开口被一形状不规则的扰坑打破。此坑自开口垂直向下深约6米，将此二天井底部向上约1米以上的部分完全破坏，同时破坏了两个天井内砌筑的两道砖封门，然后水平向北破坏了甬地道面以上的绝大部分并直通墓室（图3）。墓室顶部完全坍塌，塌陷后所形成的扰土和淤土中夹杂有大量残砖块，墓室中间部分最多，形成山包状（图4）。墓室墙壁也被破坏，残存最高的东壁仅1.36米。地面墁地砖全部被揭掉，墓室西半部原先棺床的位置也彻底被铲平。墓室内空无一物，只发现了一块残的牛骨。

从破坏的范围和墓室的现状判断，如此程度的毁坏不似一般盗墓所致，应系大规模、有组织的破坏行为，很有可能是“官方毁墓”所造成的结果。

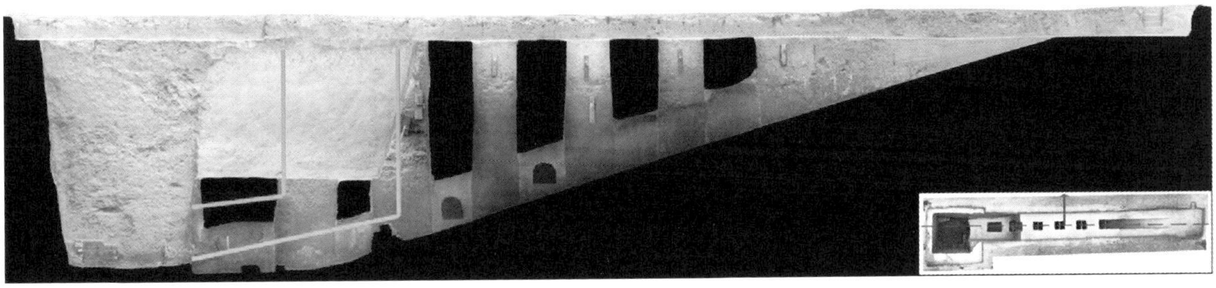

图3　唐昭容上官氏墓被毁情况剖面示意图

图4　唐昭容上官氏墓墓室被毁情况

（四）韦洞墓暨“荣先陵”

1959年1月，陕西省文物管理委员会在长安县韦曲镇南里王村发掘了唐韦洞墓。该墓系长斜坡墓道多天井和小龛的双室砖券墓，葬具用石椁，墓室绘壁画①。《发掘简报》提到：“墓的前后室由于破坏严重，随葬器物多被打碎”，“这次在清理过程中于第一天井上部地面，发现南北长7米，东西宽5米的破坏痕迹，因而推断是有目的的破坏，而非暗盗。”但是据墓室和石椁保存的状况观察，该墓并未遭大规模毁墓。史载“荣先陵”曾遭唐睿宗、唐玄宗两次毁墓，天宝九载毁墓时“长安尉薛荣先往视，冢铭载葬日月，与发冢日月正同，而陵与尉名合云”。所谓“冢铭”当指韦玄贞墓志，细节如此，则墓被毁不诬也。韦玄贞墓即所谓“荣先陵”及其四子韦洞、韦洵、韦浩、韦泚墓业已发掘②，但这些墓葬是否存在毁墓的迹象，因考古资料未公布，笔者不敢妄测，暂且存疑。

三、唐代毁墓原因分析

通过上述文献和实例证据，我们大概可以推知，毁墓在唐代是一种常见的现象，始自高宗朝（实际上是从武则天开始），直至代宗朝，延续一百余年。毁墓的命令绝大多数由皇帝本人亲自发出，动机完全出于政治打击的原因，其对象是触犯“忤逆”罪名的高级官员及其家属。

（一）本人死后被定性为叛逆而遭毁墓

因这种原因遭毁墓的有李博乂、武三思武崇训父子、上官婉儿等。

李博乂是当朝皇室宗亲，他的墓葬，恐怕除了皇帝本人，没有人敢作出公开毁坏的决定。如前所述，李博乂生前的为人被皇帝所鄙视，死后也决不会被赐予超常的礼遇。唐代帝陵地宫普遍被认为是前、中、后三个墓室的砖券或石室结构。高宗时代，唐代帝陵制度已经形成并固定下来。陪葬帝陵的太子、公主墓最多都只有两个墓室，遑论被排斥在家族墓地之外的郡王？有唐一代，这种皇帝专用的墓葬形制是不容许任何人僭越的，否则就要受到毁灭性的惩罚。唐李博乂墓极有可能是唯一一座非帝陵而拥有三个墓室的唐代墓葬。

李博乂墓公然使用三个墓室的僭越行为极有可能触怒了最高统治者，而被处以毁墓的惩罚。这个推断虽然缺乏文献方面的有力证据，然而却是符合逻辑的。

武三思、武崇训父子死于兵变，安乐公主和韦皇后倒台之后，睿宗即位之初就以正统口吻宣布二人为叛逆，因而被毁墓。

唐昭容上官氏墓遭到“官方毁墓”并无文献记载。根据墓葬发现所获的迹象，结合墓志文和史料

① 陕西省文物管理委员会：《长安县南里王村唐韦洞墓发掘记》，《文物》1959年第8期。

② 见安士新：《唐韦皇后家族墓地考古勘探追记》，《中国文物报》2010年1月15日第12版。

记载，我们提出：上官氏的礼葬、追赠谥号、文集编纂等都与太平公主有关；该墓的毁坏也应该在太平公主被赐死后不久，应与毁驸马武攸暨墓同时。建墓与毁墓都是政治博弈的结果[①]。

（二）因家属犯罪受牵连而遭毁墓

因这种原因遭毁墓的有李勣、郝象贤父母和郝处俊、中宗韦皇后父和兄弟、刘伯英、武攸暨、元载祖上等。除武攸暨是因为受到太平公主牵连外，其余都是子孙被判定为忤逆而遭毁墓。

实际上上官婉儿也是因为受到太平公主“谋逆”的牵连而被毁墓，她并不是太平公主的亲属，史料中也并未明确提到她参与“谋逆”，反而留下了她被追赠谥号、编纂文集、撰写墓碑的记录，这些都是有身故后正面评价的人才能享受的待遇。

宪宗朝发生的两件毁墓未遂事件，对我们理解唐代毁墓现象或许有所帮助：

镇海军节度使李锜反叛，元和二年（807 年）十一月被斩。李锜是宗室淮安王神通后裔，“有司请毁锜祖父庙墓。（卢）坦常为锜从事，乃上言曰：‘淮安王神通有功于草昧。且古之父子兄弟，罪不相及，况以锜故累五代祖乎？’乃不毁。因赐神通墓五户，以备洒扫”[②]。

元和四年（809 年）王承宗拒不执行宪宗诏命。“帝怒，诏削官爵，遣中人吐突承璀将左右神策，率河中、河阳、浙西、宣歙兵讨之。赵万敌者，故武俊将，以健斗闻，士真时入朝，上言讨之必捷，令与承璀偕。有诏：‘武俊忠节茂著，其以实封赐子士则，毋毁坟墓。’”[③]

这两个事例说明，到唐宪宗时，对于忤逆者除了必须加以讨伐之外，毁其祖上坟墓可能已经成为一种惯用的惩罚方式。从“有司请毁（李）锜祖父庙墓”这个事例的细节上看，毁墓由“有司”执行，事先必须得到皇帝的批准。而军队在讨伐过程中毁墓大概可以先执行后上报，所以在王武俊的例子中才需要皇帝专门下诏加以制止。同时也可知，到宪宗时毁墓这种惩戒方式已经逐渐不得人心，有大臣已经开始公开反对，这在毁墓最盛行的武则天至代宗时期是不可想象的。而同时张弘靖私发安禄山墓，“毁其棺柩，人尤失望”，则表明社会舆论也已经对毁墓颇有微词，即使被毁墓的是当朝第一叛逆。这标志着唐代的毁墓现象已经接近尾声了。

四、唐昭容上官氏墓毁墓过程的推断

唐昭容上官氏墓系长斜坡墓道多天井和小龛的砖券单室墓，墓室采用明圹砖券筑法，夯土回填，未见封土。毁墓的动机是为了取出墓室内的墓主人棺柩施以惩罚，那么从这座墓葬结构上来看，当然是自墓室顶部上方的地面垂直下挖距离墓室最近，工程量最小，达到目的也最迅速。但是墓室明圹回

① 李明、耿庆刚：《〈唐昭容上官氏墓志〉笺释——兼谈唐昭容上官氏墓相关问题》，《考古与文物》2013 年第 6 期。

② 〔后晋〕刘昫等撰：《旧唐书》，中华书局，1975 年，页 4092。

③ 〔宋〕欧阳修、宋祁撰：《新唐书》，中华书局，1975 年，页 5956。

填有深达6米的夯土，土质较硬，完整的墓室穹隆顶从力学上讲也较为坚固，反而不容易破坏。水平方向距离墓室最近的是甬道，甬道是洞室结构，顶部为拱券，同样也比较坚固。退而求之，则紧邻甬道的最后两个天井是土圹结构，填土也未经夯打，开挖较为省力。

从唐昭容上官氏墓的实例可知，无论有无封土，唐代大型墓葬被毁墓，一般的程序是：自最北端的天井垂直开挖，再水平掘进。进入墓室后取出墓主人的棺柩，进行“斫棺曝尸”甚至焚烧，同时抛弃墓室内的所有的随葬器物。最后铲平棺床（或完全破坏石椁），揭掉铺地砖，将墓室顶和四壁尽可能弄塌。这种毁墓行为造成的结果是，甬道和墓室完全塌陷，墓室内空无一物，墓主人的棺柩不知所踪，但并不扰动墓道和壁龛。李博乂夫妇墓被破坏的结果与昭容上官氏墓几乎完全相同，这也说明它们被毁的程序是一致的。当然，如果墓葬存在建筑在地面以上的封土，作为整座墓葬最显著的标志，是必须要将其移除的，即所谓“夷其坟墓”。昭容上官氏墓和李博乂夫妇墓在发掘时均未发现存在封土的迹象，但并不能确认这两座墓葬当时未建造封土。

上文所引韦玄贞墓被毁的细节，或许揭示出唐代毁墓的程序之一部分。因“荣先陵”所在属长安县管辖，“长安尉薛荣先往视”应该是代表地方官监督毁墓的过程，以便上报或协助证明毁墓的结果。

毁墓之后是否再行回填，目前还没有证据能够说明。我们倾向于认为不会回填。因为毁墓的目的是为了昭告天下墓主人因政治错误而遭到如此严酷的惩罚，要让尽可能多的人知悉墓葬被毁的惨烈场景从而形成威慑，而毁墓后如果回填，势必会削弱这种震慑感，与毁墓的动机不符。

五、结语

“毁墓”并不是唐代特有的现象，唐之前后各朝各代虽皆有“剖棺戮尸”的记载，但大多属于个例，不似唐代毁墓现象集中且性质统一。唐代的毁墓集中出现于武则天至代宗朝之间的一百余年内，其动机是对忤逆罪行进行严酷地惩罚，带有明确的政治意义，其背后暗藏着复杂的政治斗争和对绝对权力的确认。

通过唐昭容上官氏墓的例证，我们可以大概推断复原唐代毁墓的过程。在这个过程中，主要的对象是墓室内的棺柩，表现形式是对墓主人尸骨进行侮辱性破坏即“斫棺暴尸”，附带完全毁坏墓室和移除封土即“夷其坟墓”，但对于墓道和壁龛则不加扰动。因此被毁的墓葬出土完整甚至成序列的随葬器物属于正常情况。

值得注意的是，毁墓是政治否定的手段，而建新墓则成为政治平反的手段。唐中宗反正后，改葬了一批李唐宗室，其中最著名者为陪葬干陵的懿德太子墓、永泰公主墓和章怀太子墓，这不言而喻是表现维护李唐正统的政治态度的手段。唐睿宗即位后，一手毁墓（如武三思父子墓、“荣先陵”等），一手又建新墓（如节愍太子墓等），同样也是出于政治目的。建墓礼葬与毁墓暴尸都是权力斗争的极端表现形式，自武则天开始，当权者就运用这种令人印象深刻的手段来彰显其价值观，并延续数代，成为一种值得深入研究的现象。“由于死者在生人的情感世界和现实利益中有很大的影响力，后人常常要借助死者的丧葬活动表达自己的愿望和目的。”[①] 所以，在唐代，墓葬和丧葬活动不仅仅是行孝或表达感情的方式那么简单，以墓葬规模和随葬品级别作为物质体现的丧葬礼仪的运行，首先必须考虑建墓者的动机；对于“毁墓”这种看似有悖常伦并与丧葬礼仪完全背道而驰的行为，亦需做同等考虑。

① 齐东方：《唐代的丧葬观念习俗与礼仪制度》，《考古学报》2006 年第 1 期。

后　记

唐昭容上官氏墓考古队由李明任领队，发掘工作由耿庆刚主持。参加发掘的有刘永利、方开祥、段育红。工地现场线图由刘永利绘制，工地现场照片由耿庆刚拍摄，正射影像图和三维扫描数据由西安十月科技公司制作。发掘过程中陕西省文物局和陕西省考古研究院的领导和专家多次亲临现场指导工作。渭城区文物旅游局在安全保卫和各方关系协调方面给予发掘工作以支持。

在资料整理工作中，严静带领团队对出土文物进行了精心的清理和修复，王小利也参与了文物修复工作。王胜利制作了墓志拓片。所有线图均由刘军幸清绘。器物照片由张明惠拍摄。陕西师范大学杜镇博士为搜集资料提供了帮助，米凡晨女士承担了部分编务工作。

本报告由李明、耿庆刚执笔。英文提要由郝靓瑶翻译。

唐昭容上官氏墓的发掘和资料整理工作历时四年，期间参与的同志为此付出了极大的辛勤和劳动。在此向所有关心和支持唐昭容上官氏墓的发掘和整理工作的各界人士表示诚挚的谢意！

编　者

2019 年 3 月 27 日

Zhaorong Shangguan's Tomb of Tang Dynasty

(Abstract)

Zhaorong Shangguan's tomb of the Tang Dynasty is located in Deng Village, Beidu Township, Weicheng District, Xianyang City, Shaanxi Province. The tomb is 4. 2 kilometers away from Xi'an Xianyang International Airport in the southeast, about 25 kilometers away from Chang'an City in the Tang Dynasty (today's downtown area of Xi'an City) , and 8 kilometers away from *Shunling* in the east, which is the tomb of Yang, Empress Wu Zetian's mother. The burial site recorded in the epitaph was called "Hongduyuan, Maodao Township, Xianyang County, Yongzhou" at that time. From July to October 2013, Shaanxi Academy of Archaeology conducted an archaeological excavation of the tomb (Excavation No. 2013XKNM1) . The unearthed epitaph confirms that the tomb owner was Zhaorong Shangguan of the Tang Dynasty, that is, Shangguan Wan'er, a famous poetess and politician at that time. She was buried in August of 710 (the first year of *Jingyun*, the period under Emperor Ruizong's reign) . In June 2014, the People's Government of Shaanxi Province announced that Zhaorong Shangguan's tomb was a cultural relic protection site in Shaanxi Province. The burial site was backfilled and protected, and the tomb site was built into the On-site Park of Zhaorong Shangguan's Tomb of the Tang Dynasty.

Zhaorong Shangguan's tomb of the Tang Dynasty is a single chamber brick tomb with a long slope tomb passage, several air-shafts and small niches. The plane is in the shape of a knife and faces south. It is composed of a slope tomb passage, 5 tunnels, 5 air-shafts, 4 niches, a brick corridor and a tomb chamber, with a total horizontal length of 39 meters from the south to the north (from the south entrance of the tomb passage to the north opening of the tomb chamber, which is an opening pit) . The bottom of the tomb chamber is 10. 2 meters deep from the ground and 172° in the direction.

The tomb passage is 12 meters long and 1. 6 meters wide. Its bottom slope is 18°. The east and west walls of the tomb passage were painted with white mortar, and no murals were found. There is a figure mural left on the east wall of the fifth tunnel, which is in poor preservation condition and only the general outline can be observed. The figure is about 0. 75 meters high, facing the north, wearing a black cap or scarf, with ink lines outlining the clothes, and wearing black boots. The air-shaft is 1. 7 meters long and 1. 3 meters wide. There are remains of figure murals on the east wall at the bottom of the fifth air-shaft. Two brick doors are built at the north side of the bottom of the fourth air-shaft and the north side of the bottom of the fifth air-shaft, to block the entrance of the fifth tunnel and the entrance of the corridor, respectively. Both brick doors have been damaged, leaving the lower parts. The four niches are symmetrically cut on the walls of the third and fourth tunnels. All are in a vault soil cave structure, and the plane is similar to a convex shape. Burial pottery figures are placed in the niches without being disturbed. In a brick cave chamber structure, the corridor is located between the fifth air-shaft and the tomb chamber, with a depth of 4 meters and a width of 1. 3 meters. An epitaph bluestone was placed on the ground in the middle of the corridor, and the epitaph was covered on the stone when it was unearthed, without any disturbance trace. Also unearthed in the corridor are broken pottery warriors for tomb guarding, broken pottery animals for tomb guarding, pottery pagoda pots, a small pottery cup, etc.

The tomb chamber is located at the northernmost end of the whole tomb, in an open brick cave structure. This is a common method of tomb chamber building for high-level tombs in the Tang Dynasty. The plane of the pit for the tomb chamber is square, with a large opening and a small bottom. The side length of the pit is 6. 5 meters, and the opening is 9. 6 meters deep from the bottom of the tomb chamber. The bottom plane of the pit is almost square, 4. 5 meters long from south to north and 4. 9 meters wide from east to west. At the bottom of the pit, the tomb chamber was built with narrow bricks. The plane of the brick tomb chamber is a square with slightly convex outward arcs on four walls. The inside of the tomb chamber is 3. 67 meters long from north to south and 3. 86 meters wide from east to west. The interior area of the tomb chamber is about 14 square meters. The ceiling is completely collapsed and the shape is unknown.

To the north of the fourth air-shaft, the tomb was destroyed on a large scale. The openings of the fourth and fifth air-shafts were broken by an irregular disturbance pit. Directly leading to the tomb chamber, the pit is about 6 meters deep vertically from the opening. It completely destroyed the two air-shafts more than 1 meter high from the bottom, destroyed two brick doors built in the two air-shafts, and then destroyed most of the corridor above ground.

The top of the tomb chamber collapsed completely. The soil and silt caused by the collapse were mixed with a large number of broken bricks. The middle part of the tomb chamber has the most bricks, forming a mound-like accumulation. The floor bricks at the bottom of the tomb chamber were completely removed. The original position of the coffin bed in the western half of the tomb was completely leveled, exposing the raw soil at the bottom of the tomb chamber. After the tomb was completely excavated, nothing was found. Neither coffin nor bones of the tomb owner were found. Only a pagoda pot was placed on the wall in the southeast corner and several pieces of broken cattle bones were found. The four walls of the tomb were also damaged, and the highest remaining east wall was only 1. 36 meters high. Judging from the scope of the destruction and the current situation of the tomb chamber, the destruction to this extent should not be caused by the general tomb robbers, but by large-scale and organized destruction, which is likely to be the result of "official tomb destruction".

A total of 194 pieces (sets) of burial objects were unearthed in the tomb, including pottery figures, pottery animals, pottery objects and some small objects. Except for a small part unearthed in the air-shaft, the bottom of the corridor and outside the tomb, most of the burial objects are unexcavated from four niches. The pottery figures are the most important burial objects in this tomb. A total of 142 pieces were unearthed, including figures for tomb guarding, male and female figures on horses, figures in scarves, figures in cowl-like hats, lady figures, small standing figurines, etc. The pottery figures are ordinary in shape and not exquisite in production, which is not very different from pottery figures unearthed in common tombs of the same era. The side length of the epitaph is 74 cm. The cover is engraved with the inscription of "Zhaorong Shangguan of the Tang Dynasty". There are 982 characters in regular script, with no signature of the writer. The epitaph describes Shangguan's birthplace, genealogy, brief experience, cause of death, burial time and burial place, reflecting the positive evaluation by the Tang Dynasty royal court at that time. The line carving patterns on the four sides of the epitaph cover and the epitaph stone are beautiful and finely carved, which are rarely superb among the line carving decorative patterns of the Tang Dynasty epitaph. Zhaorong Shangguan's epitaph is the first-hand historical data about Shangguan Wan'er, which has high historical and artistic values.

The tomb owner, Zhaorong Shangguan, is Shangguan Wan'er, a famous talented woman in ancient China. She was born into an aristocratic family. Her grandfather, Shangguan Yi, served as the prime minister of Emperor Gaozong of the Tang Dynasty. He was lost and died in the political struggle. Shangguan Wan'er and her mother were implicated and became slaves in *Yehing*, the palace residence of concubines. at the age of 13 Shangguan Wan'er was promoted to *Cairen*, an official position for concubines, by Empress Wu Zetian. She served Wu Zetian almost all her life and gained political talents. After the death of Wu Zetian, Shangguan Wan'er was crowned *Zhaorong* (the second grade of the nine concubines of the Tang Dynasty) by Emperor Zhongzong of the Tang Dynasty. She participated in politics and coped with the major political groups. In June of 710, Shangguan Wan'er was killed in Tanglong Coup, when she was 47 years old. In August of the same year, she was buried in Hongduyuan, Xianyang. Soon after that, the tomb was destroyed on a large scale.

According to the epitaph records, literature records and archaeological excavation of the tomb, the excavator believed that Zhaorong Shangguan's tomb of the Tang Dynasty was built by Princess Taiping who persuaded Emperor Ruizong to agree and provide financial support. It is likely that since Shangguan Wan'er cooperated with Princess Taiping in the political struggle, Li Longji, the initiator of Tanglong Coup and later Emperor Xuanzong, insisted on killing Shangguan Wan'er. Princess Taiping built the tomb for the purpose of pulling the remaining confederates of Shangguan Wan'er to her side. In the subsequent political struggle against Li Longji to seize power, Princess Taiping failed and died. In order to show punishment, Li Longji also ordered to destroy the tomb of Shangguan Wan'er while destroying the tomb of Wu Youji, Princess Taiping's husband. Both tomb building and tomb destruction are the results of political gaming.

Zhaorong Shangguan's tomb of the Tang Dynasty is a typical high-level official tomb in the later period of the early Tang Dynasty. Although Shangguan Wan'er was a concubine, her tomb was built according to the specifications of the second-grade official. The shape and burial objects of the tomb correspond to the level of the tomb owner, but do not reflect the gender and life experiences of the owner, which completely complies with the funeral system of the Tang Dynasty. The tomb owner is a well-known historical celebrity. There are historical documents for reference, unearthed first-hand documents and materials and special archaeological signs, making the tomb a perfect research specimen. This archaeological discovery has important value for studying the history and culture of the Tang Dynasty, and provides valuable material materials for studying the history of the Tang Dynasty, especially the political history.

彩版

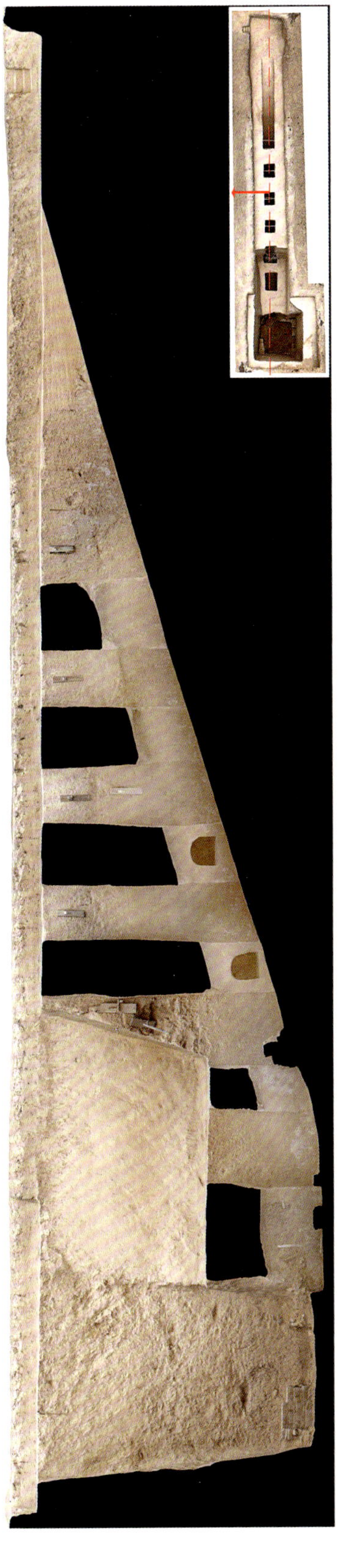

1. 墓葬东壁纵剖面正射影像

2. 墓葬西壁纵剖面正射影像

唐昭容上官氏墓纵剖面正射影像

1. 由南向北

2. 由北向南

唐昭容上官氏墓第五天井横剖面正射影像

唐昭容上官氏墓三维扫描复原结构图

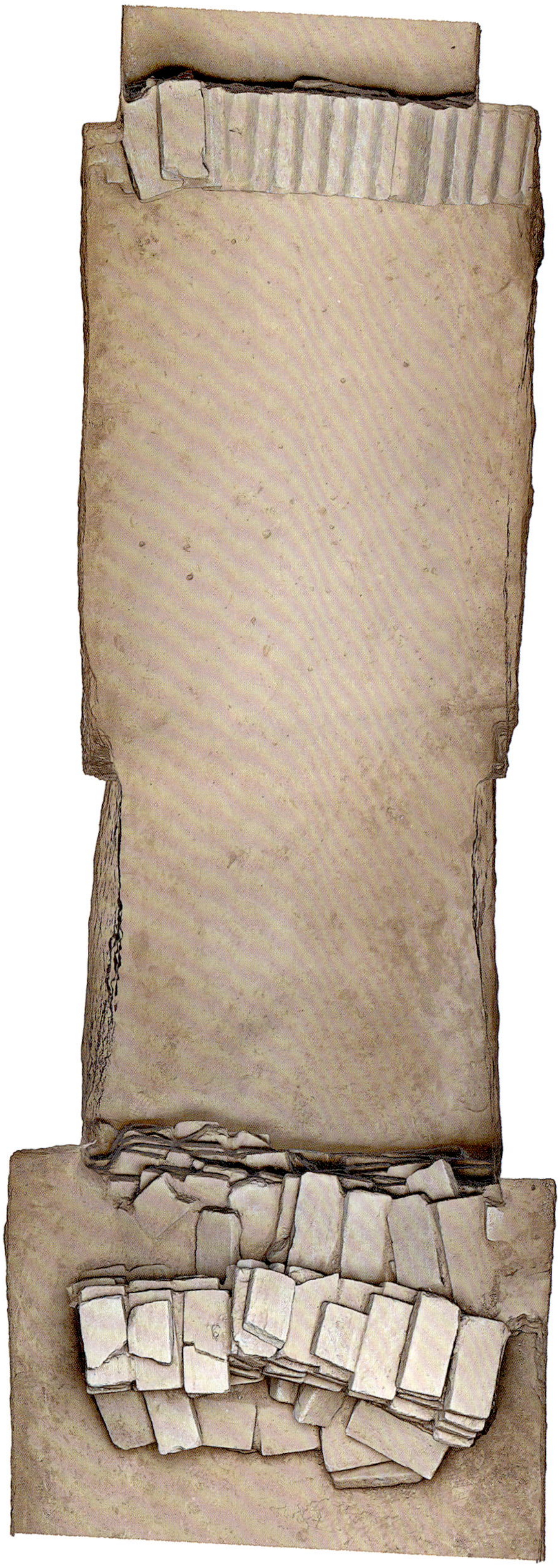

唐昭容上官氏墓砖封门俯视

1. 第一道封门砖北侧

2. 第一道封门砖南侧

唐昭容上官氏墓第一道砖封门立面

1. 第二道封门砖南侧

2. 第二道封门砖北侧

3. 封门砖三维透视图

砖封门立面及三维透视图

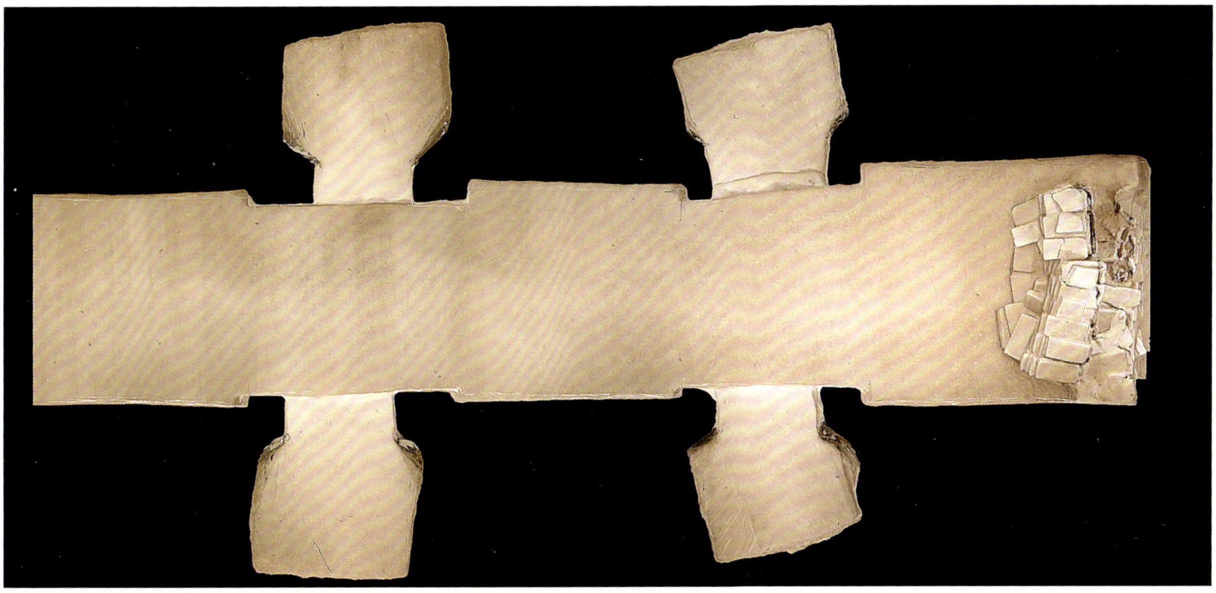

1. 壁龛分布

2. 壁龛三维透视

壁龛分布及三维透视图

1.东一龛（右）、东二龛（左）立面

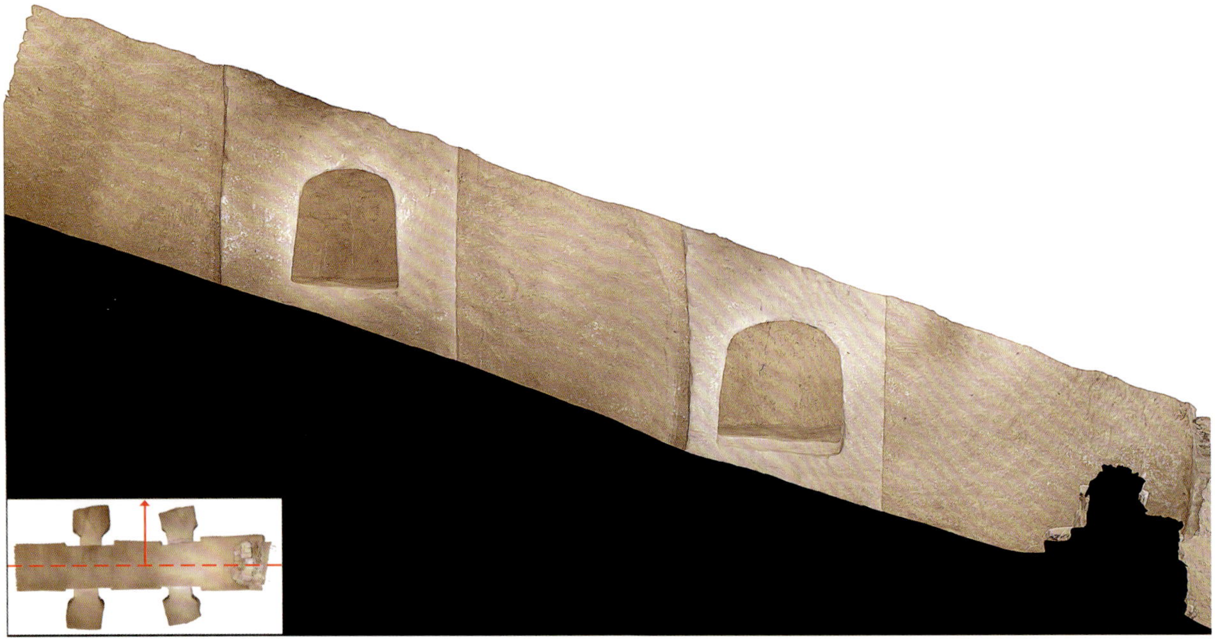

2.西一龛（左）、西二龛（右）立面

壁龛立面正射影像

1. 东一龛清理后

2. 东一龛清理后

东一龛清理后

1. 西一龛清理后

2. 西一龛清理后

3. 西一龛顶部结构

西一龛清理后

1. 龛口砖封门

3. 龛内随葬器物

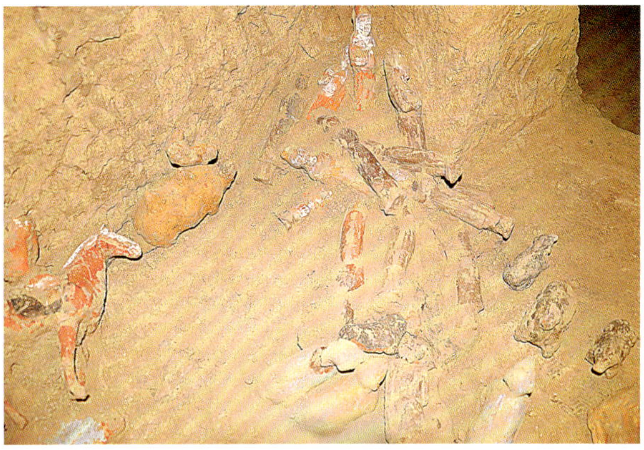

4. 龛内随葬器物

2. 龛内随葬器物

东二龛清理后

1. 龛口砖封门

2. 龛内随葬器物

3. 龛内随葬器物

西二龛清理后

1. 甬道清理情况

2. 墓志出土情况

甬道及墓志出土情况

1.

2.

镇墓武士俑和镇墓兽出土情况

1. 墓室明圹（东北—西南拍摄）

墓室发掘情况

1. 墓室内倒塌堆积情况 177号塔式罐出土位置

2. 墓室内倒塌堆积情况

墓室内倒塌堆积情况

1. 墓室东壁保存情况

2. 墓室西壁保存情况

墓室四壁保存情况

1. 墓室南壁保存情况

2. 墓室北壁保存情况

墓室四壁保存情况

1. 东壁剖面

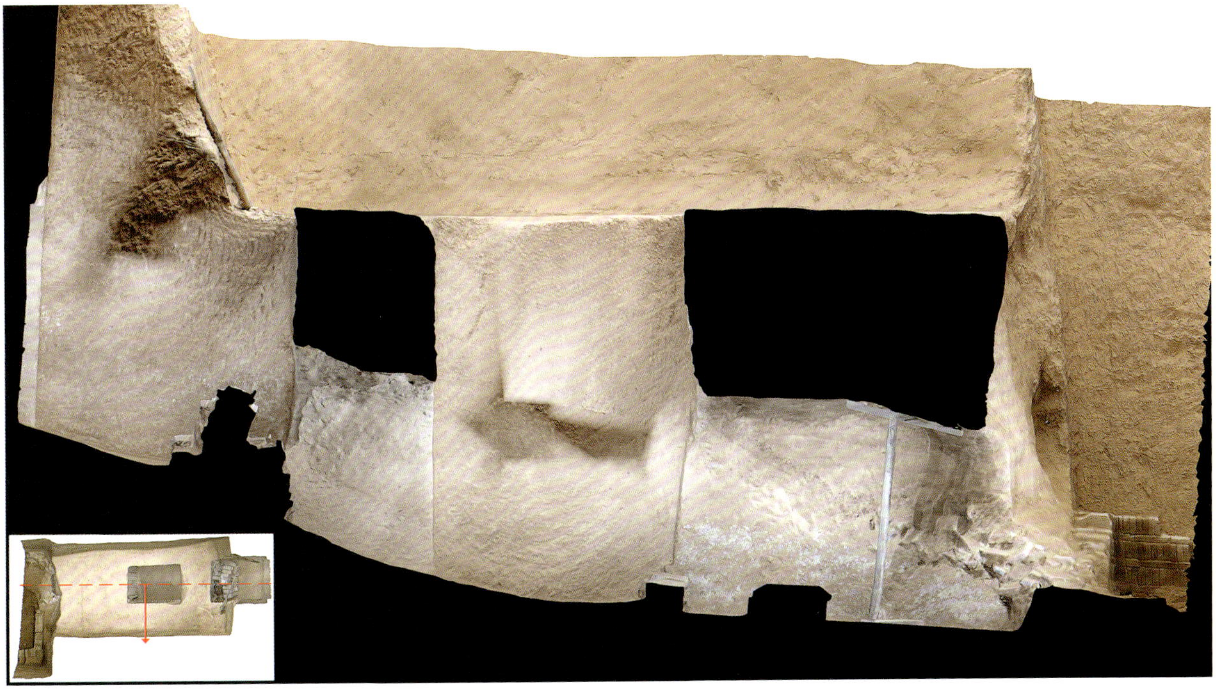

2. 西壁剖面

过洞、天井及甬道被毁情况

1. 第四天井东壁（红线以下为保留的白灰墙皮）

2. 第四天井西壁

过洞、天井及甬道被毁情况

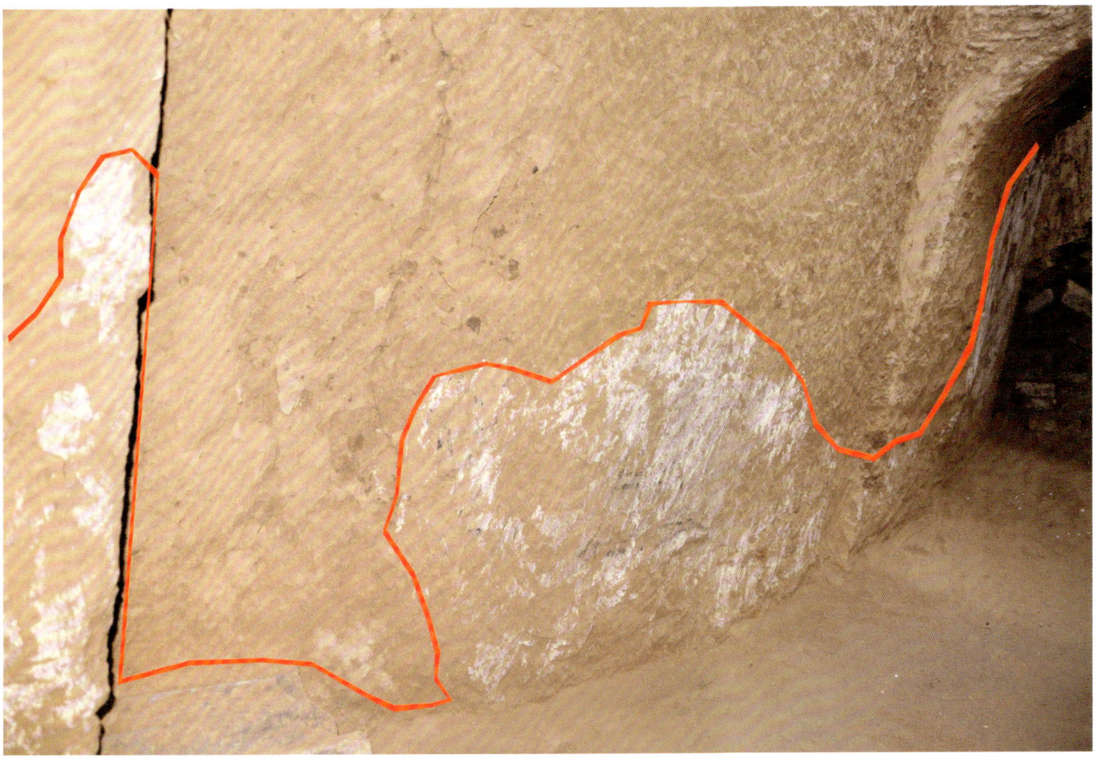

1. 第五天井东壁

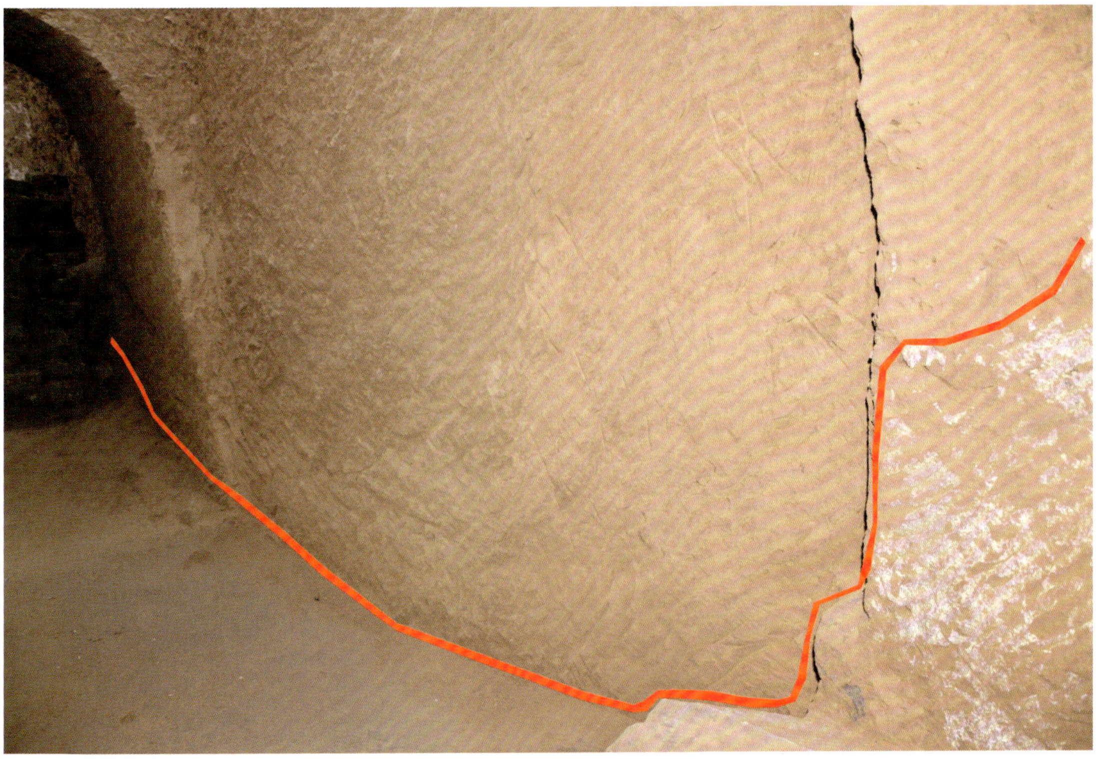

2. 第五天井西壁

过洞、天井及甬道被毁情况

墓室底部清理后情况

1. XKNM1：175 右

2. XKNM1：175 左

3. XKNM1：194

镇墓武士俑

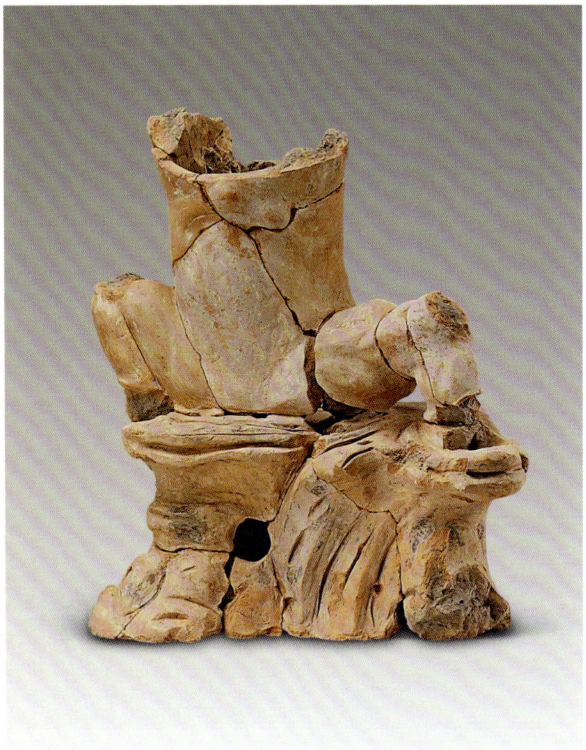

1. XKNM1：195

2. XKNM1：195 背

3. XKNM1：196

镇墓兽

1. 正面

2. 背面

3. 特写

幞头男骑马俑（XKNM1：1）

1. 正面

2. 背面

3. 特写

幞头男骑马俑（XKNM1：6）

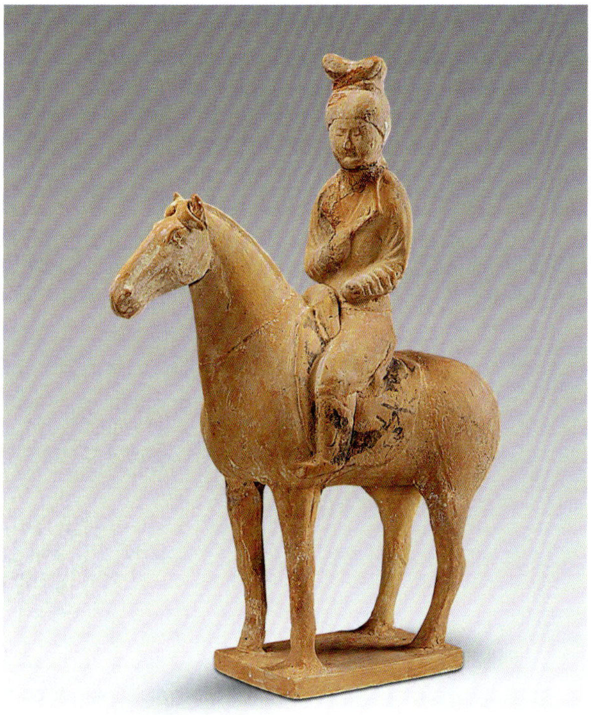

1. 正面

2. 背面

3. 特写

反绾髻女骑马俑（XKNM1：5）

反绾髻女骑马俑（XKNM1：3）

1. 正面

2. 背面

3. 特写

回鹘髻女骑马俑（XKNM1：2）

1. 正面

2. 背面

3. 特写

回鹘髻女骑马俑（XKNM1：8）

1. 正面

2. 背面

3. 特写

胡人女骑马俑（XKNM1：63）

1. 正面

2. 背面

3. 特写

胡人女骑马俑（XKNM1：87）

1. 正面

2. 侧面

3. 背面

幞头俑（XKNM1：13）

1. 正面

2. 侧面

3. 背面

幞头俑（XKNM1：95）

1. XKNM1：16

2. XKNM1：46

幞头俑

1. 正面

2. 侧面

3. 背面

风帽俑（XKNM1：42）

1. 正面

2. 侧面

3. 背面

风帽俑（XKNM1：94）

1. XKNM1：62

2. XKNM1：170

风帽俑

1. 正面

2. 侧面

3. 背面

反绾髻女俑（XKNM1：15）

1. 正面

2. 侧面

3. 背面

反绾髻女俑（XKNM1：93）

1. 正面

2. 侧面

反绾髻女俑（XKNM1：97）

1. XKNM1 : 25

2. XKNM1 : 45

反绾髻女俑

1. 正面

2. 侧面

3. 背面

反绾髻女俑（XKNM1：92）

1. 正面

2. 侧面

3. 背面

回鹘髻女俑（XKNM1：112）

1. 正面

2. 侧面

3. 背面

回鹘髻女俑（XKNM1：127）

1. 正面

2. 侧面

3. 背面

回鹘髻女俑（XKNM1：131）

1. 正面

2. 侧面

3. 背面

回鹘髻女俑（XKNM1：133）

1. 正面

2. 侧面

3. 背面

回鹘髻女俑（XKNM1：157）

1. 正面

2. 侧面

3. 背面

回鹘髻女俑（XKNM1：166）

1. 小型幞头俑 XKNM1：179

2. 小型幞头俑头 XKNM1：182

小型立俑

1. 正面

2. 侧面

3. 背面

小型反绾髻女俑（XKNM1：108）

1. 小型反绾髻女俑 XKNM1：176

2. 小型回鹘髻女俑 XKNM1：136

小型立俑

1. XKNM1：78

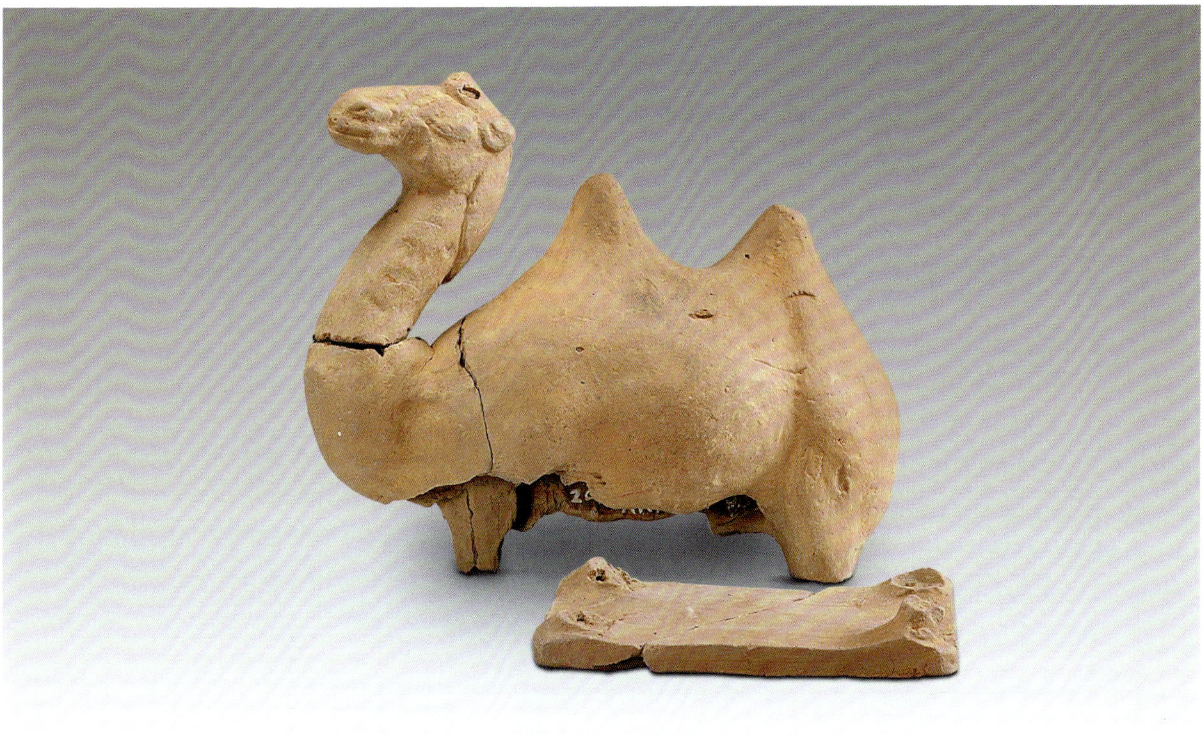

2. XKNM1：88

陶骆驼

1. 正面

2. 背面

陶马（XKNM1∶34）

1. 正面

2. 背面

陶马（XKNM1：32）

1. 陶马 XKNM1：36

2. 陶牛 XKNM1：110

陶动物

1. 正面

2. 背面

陶马（XKNM1：27）

1. XKNM1：68

2. XKNM1：84

3. XKNM1：21

陶羊

1. 陶猪 XKNM1：20

2. 陶狗 XKNM1：70

陶动物

塔式罐（XKNM1：177）

1. 陶猪 XKNM1：20

2. 陶狗 XKNM1：70

陶动物

1. 正面

2. 背面

陶狗（XKNM1：74）

1. 陶鸡（XKNM1：73）

2. 陶鸡（XKNM1：23）

3. 陶鸡（XKNM1：104）

陶动物

塔式罐（XKNM1：177）

塔式罐（XKNM1：192）

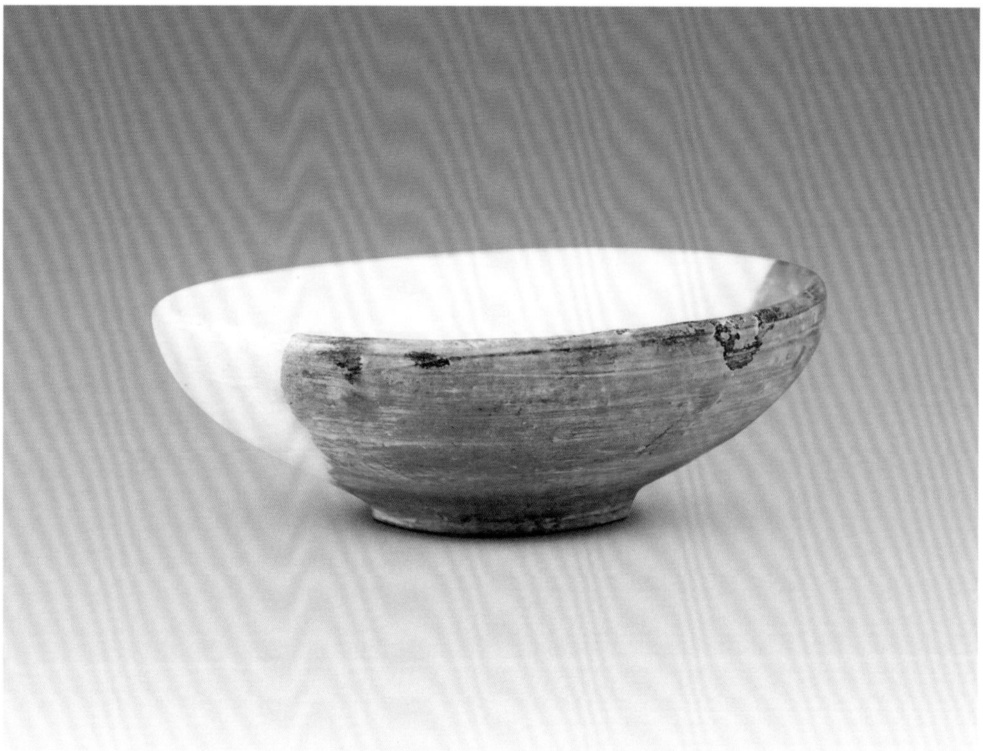

1. 陶盏（XKNM1∶193）

2. 铜币（XKNM1∶191）

3. 铜币（XKNM1∶191 背）

陶盏和铜币

1. 墓志盖正射影像图

2. 墓志盖底面正射影像图

墓志盖正射影像图

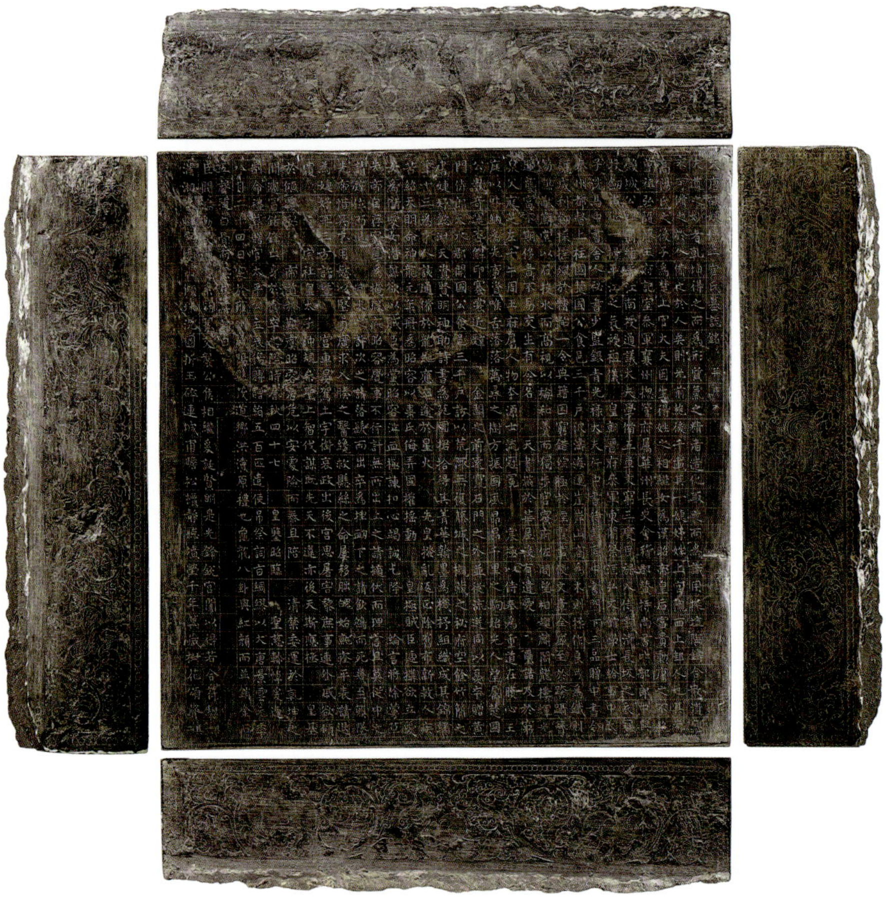

1. 墓志正射影像图

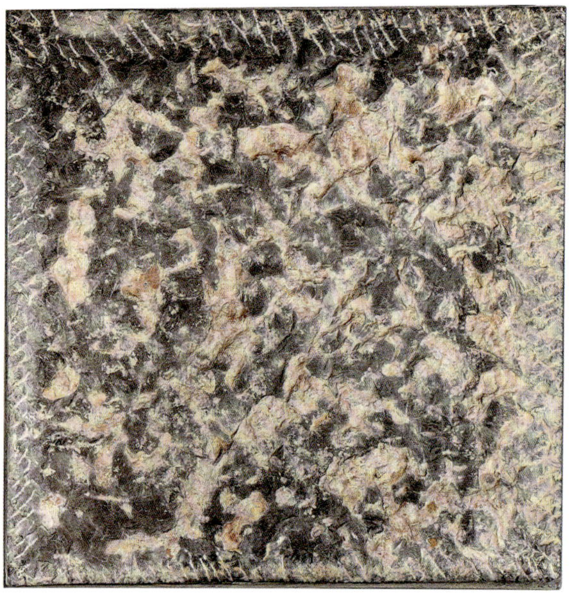

2. 墓志底面正射影像图

墓志正射影像图

1. 墓志盖下刹

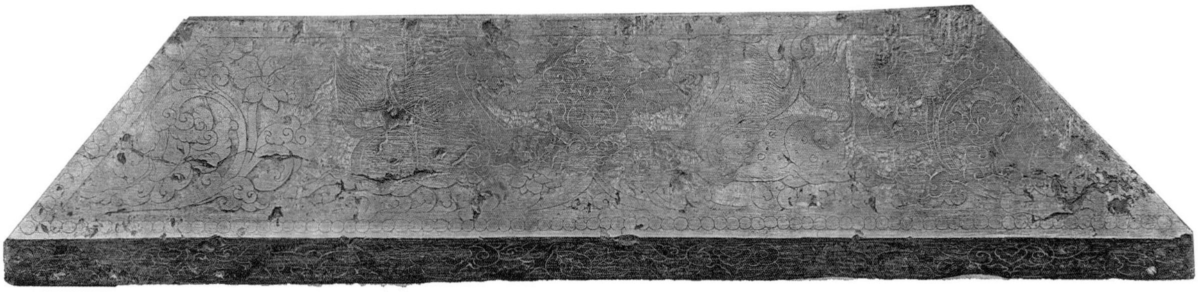

2. 墓志盖左刹

3. 墓志盖上刹

4. 墓志盖右刹

墓志盖四刹线刻画正射影像图

1. 墓志盖下刹

2. 墓志盖左刹

3. 墓志盖上刹

4. 墓志盖右刹

墓志四侧线刻画正射影像图

1. 黄牛枕髁基底视

2. 黄牛枕髁底面视

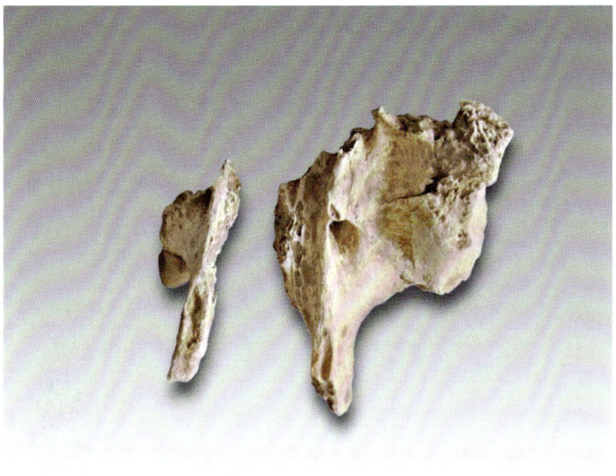

3. 黄牛左右基蝶骨残块底面视

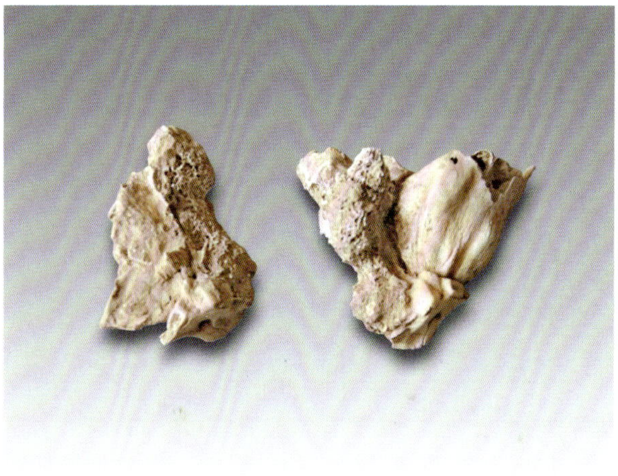

4. 左右鼓泡及舌突

5. 左颞骨残块

墓室内出土的黄牛枕骨